Petra Wünsche

NÄHEN MACHT süchtig

Besondere Nähprojekte von
KUSCHELKISSEN bis **BLUSENSHIRT**

Mit Schnittmusterbogen

EMF

EIN BUCH DER
EDITION MICHAEL FISCHER

Inhaltsverzeichnis

Seite 46

Seite 96

PROJEKTE 22

Seite 82

Seite 42

VORWORT

Wie schön, dass du dieses Buch in den Händen hältst!

Du hast deine ersten Nähschritte bereits hinter dir und bist jetzt heiß auf weitere Projekte? Dafür habe ich mir für dich 15 zeitlose Modelle ausgedacht, die sich ganz unterschiedlich interpretieren lassen. Da ist für jeden etwas dabei: Egal, ob Kissenhülle, Tasche oder Blusenshirt.

Zum Einstieg eignet sich ein einfaches Tuch oder ein Untersetzer aus Seil. Auch die Mütze mit Fellbommel ist für Anfänger geeignet. Achte einfach auf die Schwierigkeitsangabe beim jeweiligen Projekt!

Neben praktischen Projekten wie Nadelkissen und Kosmetikbeutel findest du in diesem Buch auch erste Schritte in die Welt der Jerseystoffe. So kannst du dich auch an Kleidungsstücke wie eine Leggings wagen. Oder doch lieber ein Kleid aus fließender Webware?

Durch die bebilderten Schritt-für-Schritt-Anleitungen gelingen dir die Projekte auch als Anfängerin. Alternative Materialangaben lassen dir das ein oder andere Projekt leichter von der Hand gehen. Übrigens, im Materiallexikon findest du jede Menge Tipps für die verschiedenen Materialien.

In allen Modellen und Anleitungen steckt viel Liebe. Es war nicht einfach, besondere Projekte zu finden, die all meinen Kriterien für dieses Buch gerecht wurden. Am Ende bin ich nicht nur über dieses Buch sehr glücklich, sondern auch über meine aufgefrischte Garderobe und die prall gefüllte Geschenkekiste.

Und jetzt wünsche ich dir von Herzen viel Freude beim Schmökern und Nähen!

Petra

GRUNDLAGEN

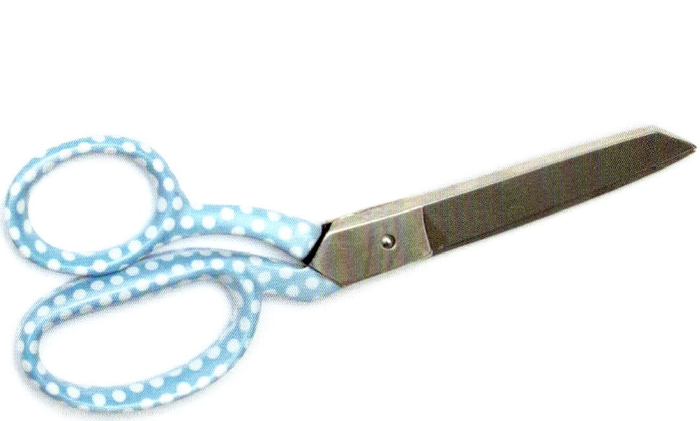

DIE GRUNDAUSSTATTUNG

Mit der Zeit sammeln sich einige nützliche Helfer an deinem Arbeitsplatz an. Hier siehst du das Zubehör, das du immer parat haben solltest. Lies dir vor dem Start deines Projekts immer die Anleitung durch, um herauszufinden, ob du ein besonderes Werkzeug benötigst.

SCHNEIDEN

Eine gut in der Hand liegende **Stoffschere** mit langer Klinge ist das wichtigste Utensil zum Zuschneiden deines Stoffs. Du kannst deine Schnittteile auch mit einem **Rollschneider** zuschneiden. Dann benötigst du zusätzlich eine **Schneidematte** und ein **Stahl- oder Patchworklineal**.

Eine kleine **Faden- oder Stickschere** solltest du immer griffbereit haben. Für bestimmte Stoffe oder Schnittmusterpapier brauchst du eine **Bastel- oder Papierschere**, um deine Stoffschere zu schonen.

TIPP

Benutze Stoffschere und Rollschneider niemals für Materialien wie Paillettenstoffe, da sonst die Klinge stumpf wird!

STECKEN

Zum Fixieren zweier Stofflagen benötigst du **Stecknadeln**. Nadeln mit Glasköpfen eignen sich am besten, weil man über diese auch bügeln kann. Feine und empfindliche Stoffe steckst du am besten innerhalb der Nahtzugabe zusammen oder verwendest sogenannte **Wonder Clips**. Auch beim Fixieren von mehr als zwei Lagen oder dicken Stoffen sind Wonder Clips eine echte Erleichterung.

MESSEN

Mit einem flexiblen **Maßband** kannst du nicht nur deinen Körper, sondern auch gebogene Linien an Schnittteilen ausmessen. Auch ein **Hand- oder Saummaß** ist in vielen Fällen hilfreich. Wenn du ein Saummaß aus Metall besitzt, kannst du über dieses sogar bügeln. Ein **Geodreieck** hilft dir nicht nur bei rechten Winkeln, sondern auch beim Anzeichnen der Naht- und Saumzugabe.

MARKIEREN

Mit **Schneiderkreide** oder selbstlöschenden **Trickmarkern** lassen sich sämtliche Schnittlinien und Markierungen einzeichnen. Beide gibt es in unterschiedlichen Farben und Ausführungen. Schneiderkreide ist z. B. als Block, Kreiderad oder Stift erhältlich und lässt sich ganz leicht ausbürsten. Trickmarker verschwinden entweder nach einer gewissen Zeit von selbst oder können weggebügelt werden. Teste vorher an einer unauffälligen Stelle, ob und wie sich deine Markierung restlos entfernen lässt. Markierungen innerhalb des Schnittteils lassen sich auch mit **Stecknadeln** setzen.

GARNE

Am besten wählst du zum Nähen ein **Polyestergarn** (Allesnäher), da es sehr strapazierfähig ist. Auch **Baumwollgarn oder recyceltes Nähgarn** sind je nach verwendetem Stoff möglich. Orientiere dich im Zweifel am Material deines Stoffs.

TIPP

Wähle für die Farbe des Garns am besten denselben Farbton wie die Stofffarbe und im Zweifel immer einen etwas dunkleren Ton, da das später weniger auffällt. Wenn du Ziernähte nähst, bietet es sich an, eine Kontrastfarbe zu benutzen.

Wenn du knifflige Stellen vorher mit der Hand heften willst, solltest du **Heftgarn** (Reihgarn) aus Baumwolle benutzen. Dieses ist nicht reißfest und lässt sich besonders schnell wieder auftrennen.

ABPAUSEN UND ZUSCHNEIDEN

Zum Abpausen des Schnitts verwendest du transparentes **Seiden- oder Schnittmusterpapier** und einen Stift. Natürlich kannst du die Schnittteile auch klassisch mit **Kopierrad und -papier** abpausen. **Nähgewichte** helfen dir sowohl beim Abpausen als auch beim Zuschnitt.

TIPP

Denke daran, die Schnittteile aus Papier direkt zu beschriften, und benutze zum Ausschneiden immer eine Papierschere!

NOCH MEHR NÄHZUBEHÖR

Falls du dich doch mal vernäht haben solltest, hast du am besten immer einen **Nahttrenner** parat.

Ein paar leere **Spulen** kannst du immer gut gebrauchen, um stets den Unterfaden farblich passend zum Oberfaden wählen zu können.

Zum Ausformen von verstürzten Kanten eignet sich ein **Kantenformer** besonders gut.

Um Kordeln oder Gummibänder durch einen Tunnel zu ziehen, benötigst du **Sicherheitsnadeln**. Für kleinere Handnäharbeiten dürfen **Handnähnadeln** in deinem Nähkästchen auf keinen Fall fehlen.

Und zu guter Letzt darf natürlich das **Dampfbügeleisen** nicht vergessen werden: Nicht nur gewaschene Meterware sollte vor dem Zuschnitt gebügelt werden, sondern auch Faltkanten, bevor sie gesteckt werden, und fertige Nähte, falls sie Wellen schlagen. Das Bügeln von fertigen Säumen und Kanten gibt deinem Projekt dann den letzten Schliff.

Die Nähmaschine

Das wichtigste Werkzeug ist deine Nähmaschine. Du kannst alle Projekte in diesem Buch mit einer einfachen Haushaltsnähmaschine nähen. Eine Overlockmaschine ist natürlich eine tolle Ergänzung, die in Nullkommanichts professionell versäuberte Kanten und elastische Nähte zaubert.

Nadeln

Nähmaschinennadeln gibt es in verschiedenen Stärken. Leichte Stoffe wie Kunstseide sollten mit einer 70er-Nadel genäht werden, mittlere Stoffe mit einer 80er-Nadel und dicke Stoffe wie Cord mit einer 90er-Nadel.

Für das Nähen von Jersey kommt eine spezielle **Jersey-Nähnadel** mit Kugelspitze zum Einsatz. Es gibt auch spezielle **Nadeln für Stretchstoffe, Leder und Jeans**. Für feine Stoffe verwendet man am besten eine **Microtex-Nadel**. Eine **Zwillingsnadel** kann für dekorative Nähte oder Säume bei Jerseystoffen verwendet werden.

Tipp

Gönne deiner Nähmaschine neue Nadeln für saubere Nähte. Markiere benutzte Nadeln mit einem wasserfesten Stift. Die verschiedenen Nadelsorten bekommen dabei für mehr Übersichtlichkeit unterschiedliche Farben.

Fadenspannung und Füßchendruck

Bei einigen Nähmaschinen lassen sich die Fadenspannung und der Nähfußdruck regulieren, um verschiedene Materialien besser zu verarbeiten. Schau in deinem Handbuch nach, was deine Maschine alles kann. Dort wird auch beschrieben, welche Einstellung für welchen Einsatz am besten geeignet ist.

Tipp

Für verschiedene Techniken gibt es neben dem Standardnähfuß spezielle Nähmaschinenfüßchen, die dir das Nähen erleichtern. In der Anleitung steht jeweils, wenn dir ein besonderes Füßchen helfen kann.

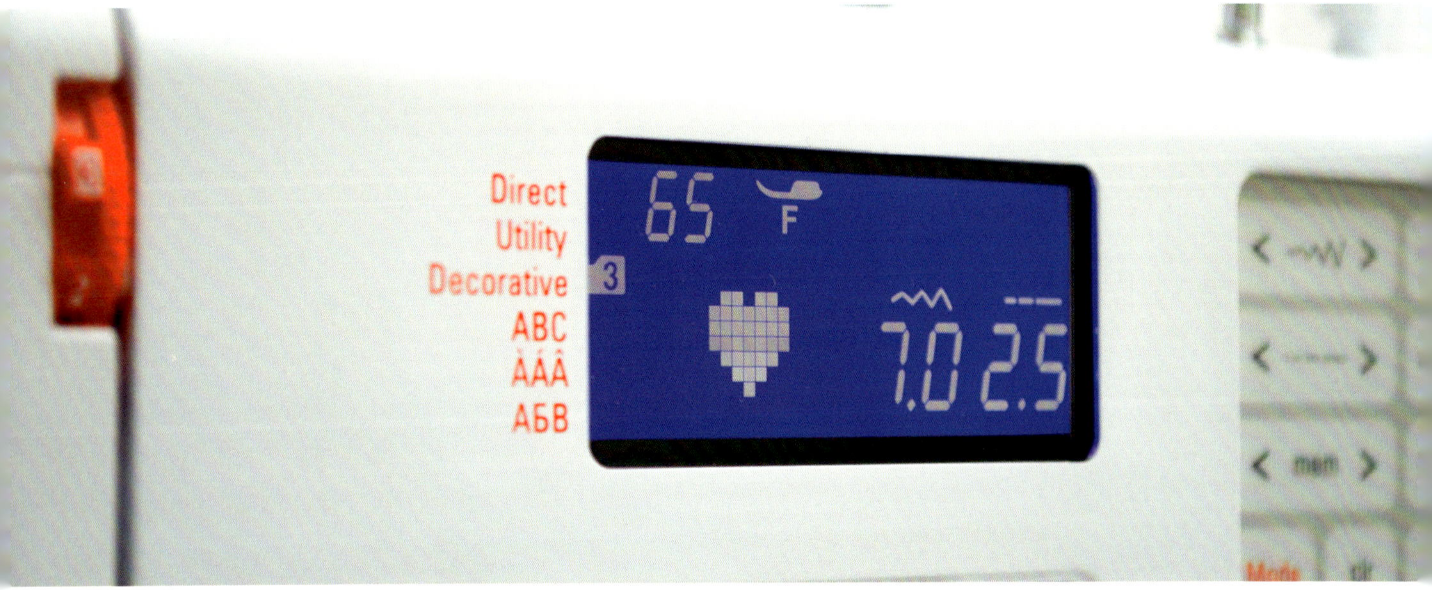

Sticharten und Handstiche

Für jeden Stoff den richtigen Stich. Hier findest du die wichtigsten Stiche aufgelistet und kurz erklärt. Alles Weitere entnimmst du der Bedienungsanleitung deiner Nähmaschine.

Geradstich

Der Geradstich eignet sich zum Absteppen und wird auch Steppstich genannt. Bei Webwareprojekten kommt er für alle Nähte und Säume zum Einsatz. Ein besonders haltbarer Geradstich ist der dreifache Geradstich oder für Stretchstoffe der Stretchstich.

Zickzackstich

Mit dem Zickzackstich kannst du deine Schnittteile aus Webware versäubern, damit sie nicht ausfransen. Dazu führst du das Schnittteil so, dass immer im Wechsel ein Stich in den Stoff und ein Stich neben der Kante ins Leere geht. Da der Zickzackstich elastisch ist, eignet er sich zum Säumen und Zusammennähen von Jerseystoffen. Weitere elastische Stiche sind der dreigeteilte Zickzackstich, der Overlockstich oder ein Geradstich mit der Zwillingnadel.

Tipp

Nicht versäubert werden übrigens Schnitteile, die am Ende zwischen zwei Stofflagen liegen und deshalb kaum ausfransen können. Auch Jersey muss nicht versäubert werden.

Ziersticheh

Vor allem bei Säumen machen Zierstiche eine gute Figur. Sie sind dekorativ und manchmal sogar elastisch. Schau im Handbuch nach, welche Zierstiche deine Nähmaschine kann.

Tipp

Nähmaschinenstiche werden am Anfang und am Ende einer Naht mit Rückstichen gesichert, damit sich die Naht nicht von selbst löst. Zum sogenannten Verriegeln nähst du jeweils kurz vor und zurück. Deine Nähmaschine hat dafür eine Rückwärtstaste.

Heftstich

Der Heftstich ist ein Handstich, bei dem du im Wechsel von oben nach unten durch alle Stofflagen nähst. Du nutzt ihn zum Fixieren bei rutschigen Stoffen oder an komplizierten Stellen. Vor allem aus nicht reißfestem Heftgarn lässt er sich leicht wieder entfernen, nachdem du die Naht mit der Nähmaschine gesichert hast. Wende den Heftstich am besten leicht innerhalb der Nahtzugabe an.

Matratzenstich

Der Matratzenstich ist ein Handstich zum Verschließen von Wendeöffnungen. Er ähnelt optisch einer Leiter und ist am Ende wie von Zauberhand unsichtbar. Deshalb wird er auch Leiterstich oder Zaubernaht genannt. Auf Seite 40 siehst du den Stich an einem Projekt angewendet.

STOFFE & CO.

Baumwolle, Cord oder Sweat? Stoffe unterscheiden sich nicht nur im verwendeten Material, sondern auch in der Herstellungsart, wodurch sie unterschiedliche Eigenschaften erhalten. Mehr Infos findest du im Materiallexikon ab Seite 102.

WEBWARE

Gewebte Stoffe bestehen aus Kett- und Schussfäden. Als Nähanfänger kennt man meist typische Webware wie Patchworkstoffe oder Baumwoll-Popeline. Auch Cord, Velours oder Flanell sind gewebte Stoffe. Ohne Elasthananteil sind sie alle so gut wie nicht dehnbar.

JERSEY

Gestrickte (oder gewirkte) Stoffe sind als Maschenware oder Jerseystoffe bekannt. Unter die Jerseystoffe fallen auch Jacquardjersey, Romanit und Sweatshirtware. Durch ihr Herstellungsverfahren sind sie von Natur aus elastisch. Mit Elasthananteil erhalten sie eine bessere Rücksprungkraft und sind dadurch noch bequemer. Schnitte, die für Jersey ausgelegt sind, sollten wegen der Passform nicht aus Webware genäht werden.

TIPP

Vor allem beim Nähen von Kleidungsstücken sollte man auf ähnliche Stoffeigenschaften achten. Halte dich am besten an die Materialangaben und die angegebenen Alternativen.

NATUR- UND KUNSTFASERN

Die Information, ob dein Stoff aus Natur- oder Kunstfaser besteht, findest du beim Kauf auf dem Ballen oder in der Produktbeschreibung. Oft gibt es auch Mischgewebe, die die Eigenschaften unterschiedlicher Materialien vereinen. Naturfasern wie Baumwolle oder Leinen sind saugfähig und atmungsaktiv, wodurch sie sich besonders für Kleidung eignen. Auch Kunstfasern auf pflanzlicher Basis wie Viskose und Tencel haben ähnlich angenehme Trageeigenschaften. Synthetische Fasern sind meist besonders pflegeleicht.

Stoffe aus Naturfasern gibt es auch in Bio-Qualität, die ohne chemische Pestizide und gentechnisch verändertes Saatgut auskommen. Achte auf die Kürzel kbA (kontrolliert biologischer Anbau) und GOTS (Global Organic Textile Standard). Sie sind besonders nachhaltig.

EINLAGEN UND VLIESE

Auch Einlagen und Vliese unterscheiden sich in Material und Herstellungsart. Die wichtigsten Eigenschaften und Anwendungsmöglichkeiten kannst du in der Produktbeschreibung des Herstellers nachlesen. Die für dieses Buch wichtigsten Einlagen findest du auf Seite 108.

KURZWAREN

Um deinen Projekten den nötigen Pfiff zu verschaffen, benötigst du nicht nur schöne Stoffe, sondern auch Praktisches wie Verschlüsse und Bänder. Hübsche Aufnäher oder Pailletten machen dein Projekt spielend leicht zu etwas ganz Besonderem.

EXKURS

JERSEY NÄHEN

Die meisten Projekte in diesem Buch sind aus anfängertauglicher Webware. Wer sich an erste Jerseyprojekte wagen möchte, findet Schnitte für eine Mütze, Söckchen und sogar eine Leggings. Selbst das Blusenshirt lässt sich mit ein wenig Erfahrung aus Jersey nähen.

JERSEY NÄHEN MIT DER NÄHMASCHINE

Jerseystoffe können sich beim Nähen leicht verziehen. Deshalb kann es hilfreich sein, wenn deine Nähmaschine einen einstellbaren Nähfußdruck hat.

Mit einem Obertransportfuß, den du als Sonderzubehör erhältst, wird dein Stoff besser transportiert. Dein Nahtbild wird dadurch gleichmäßiger. Auch überall dort, wo Stofflagen unterschiedlichen Materials oder dicke Materialien miteinander vernäht werden sollen, unterstützt dieser Fuß den Nähvorgang.

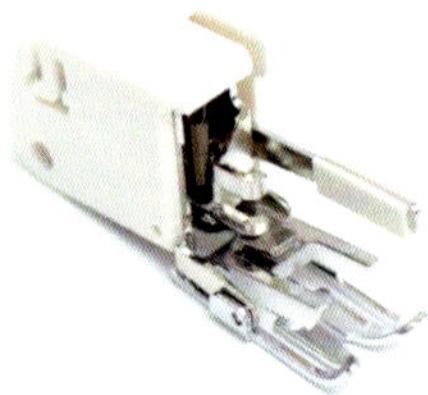

Obertransportfuß

Aber auch mit einem Standardnähfuß kannst du mit deiner Nähmaschine Jersey nähen. Vor allem Sweat, Jacquardjersey und Romanit lassen sich unproblematisch verarbeiten.

Teste deine Naht vorher an dem Material, das du für dein Projekt verwenden möchtest. So kannst du deine Einstellungen am besten optimieren. Das gilt übrigens nicht nur für Jersey, sondern auch für alle anderen Stoffarten.

NÄHMASCHINENSTICHE FÜR ELASTISCHE STOFFE

Beim Nähen mit Jersey ist die Verwendung eines elastischen Stichs am wichtigsten, damit die Naht zusammen mit dem Stoff nachgeben kann und nicht reißt. Der Zickzackstich bleibt elastisch und eignet sich daher gut.

TIPP

Benutze spezielle Jersey-Nähnadeln in einer Stärke, die zu deinem Stoff passt.

Kanten von Jerseystoffen können unversäubert bleiben, da sie nicht ausfransen. Sie rollen sich aber ein. Wen das stört, versäubert sie mit einem Zickzack- oder Overlockstich.

Säumen und absteppen solltest du ebenfalls mit einem elastischen Stich. Hübscher als der normale Zickzackstich sieht der dreigeteilte Zickzackstich aus. Auch ein geschlossener Overlockstich ist gut zum Säumen geeignet.

Wenn es professioneller aussehen soll, nutze eine Zwillingsnadel. Die Zwillingsnadelnaht ist eine doppelt gesteppte Naht. Durch den Unterfaden, der im Zickzack verläuft, bleibt sie elastisch.

TIPP

Säume mit der Zwillingsnadel müssen immer von der rechten Stoffseite her abgesteppt werden.

OVERLOCK UND CO.

Mit einer Overlockmaschine lassen sich Schnittteile, die eine elastische Naht benötigen, zusammennähen. Außerdem eignet sich diese Maschine perfekt für das Versäubern von Schnittteilen. Mit ihrem integrierten Messer schneidet die Overlockmaschine überschüssige Nahtzugaben während des Nähens sauber ab.

TIPP

Nutze bei der Verwendung einer Overlockmaschine keine Stecknadeln! Die Messer könnten daran Schaden nehmen und du könntest dich an fliegenden Nadelsplittern verletzen.

Eine weitere Maschinenart ist eine Coverlock. Sie näht professionelle Säume, die du auch von Kaufkleidung kennst. Optisch ähnlich wirkt übrigens die Zwillingsnadelnaht deiner Nähmaschine.

WICHTIGE TIPPS

Auch bei Jersey kann es leicht passieren, dass dein Stoff am Nahtanfang in die Stichplatte gezogen wird. Beginne daher mit deiner Naht ein kleines Stück vom Rand entfernt und ziehe gleichzeitig die Anfangsfäden leicht nach hinten.

Du kannst deine Naht auch auf einem Stoffrest beginnen und dein Nähgut an den Stoffrest anschließend unter den Nähfuß schieben.

Beim Nähen von Jersey ist es besonders wichtig, dass die Nähmaschine den Stoff führt. Ziehe weder am Stoff noch schiebe ihn, damit keine Wellen entstehen. Achte darauf, dass du den Stoff beim Nähen nicht dehnst.

Bündchen bilden dabei eine Ausnahme, da das Bündchen – aber nicht der Hauptstoff – beim Annähen gedehnt werden muss. In diesem Buch wird in den Anleitungen darauf hingewiesen, an welchen Stellen das Dehnen notwendig ist.

TIPP

Deine Jerseynähte wellen sich?
Bügle sie vorsichtig mit Dampf flach.

Die richtige Größe

Für die Kleidungsschnitte in diesem Buch sind mehrere Größen auf dem Schnittmusterbogen vorhanden. Mit einem flexiblen Maßband findest du die richtige Größe schnell heraus.

Grössenauswahl

Ermittle zunächst die wichtigsten Körpermaße, um die passende Größe herauszufinden. Am einfachsten geht das, wenn dir jemand dabei hilft. Trage beim Messen Unterwäsche und einen passenden BH. Achte darauf, dass das Maßband vorne und hinten auf derselben Höhe liegt und locker anliegt. Der Hüftumfang wird übrigens am stärksten Punkt deines Gesäßes gemessen.

Körpermaßtabelle

Wähle aus der folgenden Tabelle die für dich passende Größe:

	34	36	38	40	42	44
Körperlänge	168 cm	168 cm	168 cm	168 cm	168 cm	168 cm
Brustumfang	80 cm	84 cm	88 cm	92 cm	96 cm	100 cm
Taillenumfang	65 cm	68 cm	72 cm	76 cm	80 cm	84 cm
Hüftumfang	90 cm	94 cm	97 cm	100 cm	103 cm	106 cm

Tipp

Wähle bei Blusenshirt und Kleid nach dem Brustmaß. Vor allem bei Projekten aus Webware musst du darauf achten, dass du keinesfalls eine zu kleine Größe wählst. Rock und Leggings wählst du nach deinem Hüftmaß, den Taillengürtel nach deinem Taillenmaß.

Kopfumfang

Für die Mütze (Größe 48–60) auf Seite 72 benötigst du deinen Kopfumfang, der knapp über den Augenbrauen und Ohren gemessen wird. Wähle im Zweifel eine Nummer größer.

Sockengröße

Für die Söckchen (Größe 35/36) auf Seite 78 musst du nichts messen. Wähle einfach deine Schuhgröße.

Tipp

Überprüfe immer vor dem Kopieren des Schnittmusters, ob du noch Naht- und Saumzugaben hinzufügen musst.

SCHNITTMUSTER ANPASSEN

Wenn deine Maße von den Tabellenmaßen abweichen, kannst du die Schnitte leicht anpassen. Wenn du bisher wenig Damenkleidung genäht hast, solltest du unbedingt ein Probeteil nähen.

Längenkorrekturen

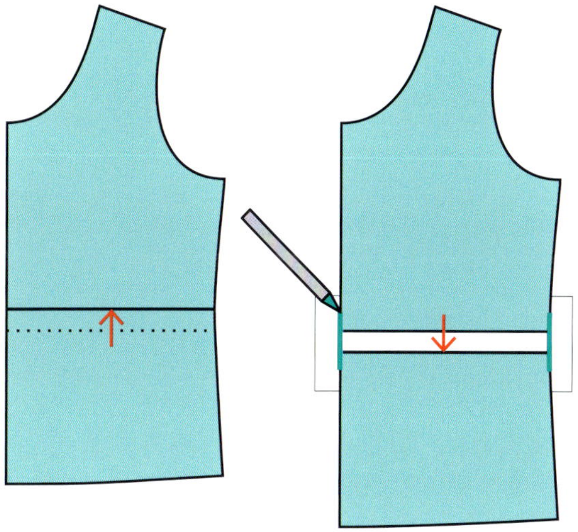

Wenn du wesentlich kleiner oder größer als 168 cm bist, solltest du die Schnitte in der Länge anpassen. Je abweichendem Zentimeter kannst du um einen halben Zentimeter kürzen oder verlängern.

Ziehe bei Oberteilen eine Querlinie auf Taillenhöhe und schneide das abgepauste Schnittteil auseinander. Zum Kürzen schiebst du die beiden Teile einfach aufeinander, zum Verlängern ziehst du sie auseinander und klebst ein Stück Papier dahinter. Die Seitenlinien werden dann optimiert nachgezeichnet. Vergiss das Rückteil nicht! Bei einem Kleid musst du eventuell auch die Rocklänge ändern.

Die Längenanpassung bei einem Ärmel funktioniert übrigens auf dieselbe Weise. Hier wählst du einfach die Ellbogenhöhe als Änderungslinie.

Bei einer Hose empfehle ich die Längenänderung auf Höhe des Oberschenkels. Wenn du es genau nehmen möchtest, verteile die Längenänderung auf zwei bis drei gleichmäßig verteilte Änderungslinien. Der Tellerrock in diesem Buch lässt sich ganz leicht kürzen oder verlängern, indem du die Saumlänge veränderst.

Weitenkorrekturen

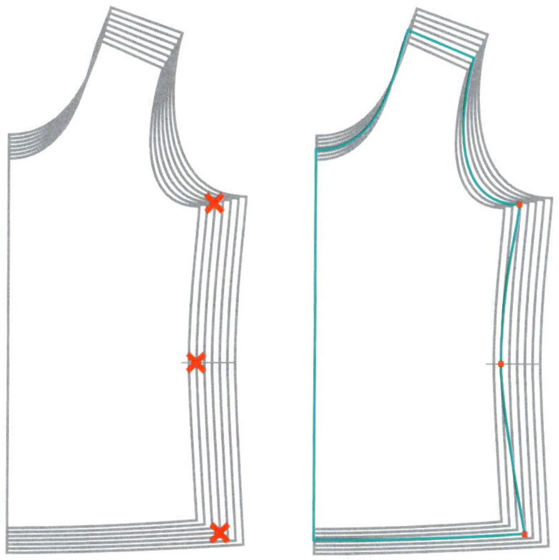

Mehrgrößenschnitte eignen sich besonders gut für Weitenanderungen. Markiere dir auf Schnittmusterpapier jeweils die passende Größe auf Brust-, Taillen- und Hüfthöhe und zeichne sie als harmonisch verlaufende Linie nach. Am besten funktioniert das, wenn du um nicht mehr als eine Größe verändern musst. Zeichne auch das Rückteil auf diese Weise nach. Den Ärmel wählst du übrigens immer nach der verwendeten Größe im Brustbereich.

Wenn dein Brustmaß als einziges stark differiert (meist ab Körbchengröße C), kann es sein, dass eine Anpassung für die große Brust (oder auch Full Bust Adjustment/FBA) benötigt wird. Im Internet findest du viele Anleitungen dazu.

Rock und Leggings sind am Bund mit einem Gummiband verarbeitet. Wenn du die Größe nach deinem Hüftmaß wählst, kannst du die richtige Bundweite mithilfe des Gummibands regulieren.

Vorbereiten

Bevor es mit dem Nähen losgeht, sind noch ein paar Vorbereitungen zu treffen. Wenn dein Stoff vorgewaschen und das Schnittmuster abgepaust ist, liegt alles für den Zuschnitt bereit.

Waschen

Verarbeite nur vorgewaschene Stoffe (wenn sie als waschbar ausgezeichnet sind), da neue Stoffe einerseits chemisch vorbehandelt sind und andererseits einlaufen könnten. Wenn du sie anschließend nach Pflegeanweisung bügelst, liegen sie schön glatt für den Zuschnitt bereit, und dein fertiges Projekt läuft dir mit Sicherheit nicht mehr ein.

Achtung

Notiere dir beim Kauf die Pflegehinweise! Manche Effektstoffe lassen sich weder waschen noch bügeln. Ansonsten wäschst und bügelst du deinen Stoff am besten mit der Temperatur, die du auch bei deinem fertigen Projekt anwenden würdest.

Schnittmuster kopieren

Pause die benötigten Schnittteile auf transparentes Schnittmusterpapier ab, damit du den Schnittmusterbogen wiederverwenden kannst. Es eignen sich auch Butterbrot-, Back- oder Seidenpapier prima dafür. Zeichne alle relevanten Linien und Markierungen für dein Projekt ein und füge bei Bedarf Naht- und Saumzugaben hinzu.

Bei Schnittmusterbogen mit überlappenden Teilen kannst du die benötigten Schnittteile mit einem Buntstift nachfahren, damit dir das Abpausen leichter fällt. Klebe zweigeteilte Schnittteile wie Rock, Leggings und Kleid nach dem Ausschneiden an der Klebkante aneinander.

Tipp

Notiere dir immer direkt auf das kopierte Schnittteil, ob bereits Naht- und Saumzugaben hinzugefügt sind. Auch die Breite der Zugaben solltest du festhalten.

Warum gibt es überhaupt Schnitte ohne Zugaben?

Wenn du die Zugabe selbst einzeichnest, kannst du sie je nach verwendeter Stoffart oder Nähtechnik individuell anpassen. Es ist leichter, die Nahtzugabe komplett einzuzeichnen, als sie nachträglich zu verändern. Auch eine nicht vorgesehene Teilungsnaht ist jetzt ganz einfach möglich. Taschen und Accessoires sind keine Mehrgrößenschnitte. Hier lassen sich sowohl Naht- als auch Schnittlinie einzeichnen, ohne an Übersichtlichkeit einzubüßen. Wähle bei diesen Schnitten selbst, mit welchen Linien du arbeiten möchtest.

EXKURS

ZUGABEN ANZEICHNEN

In diesem Buch steht bei allen Projekten dabei, ob und wie viel Naht- und Saumzugaben enthalten sind. Für alle Projekte ohne Zugaben lernst du hier, wie man Naht- und Saumzugaben richtig einzeichnet.

NAHTZUGABEN EINZEICHNEN

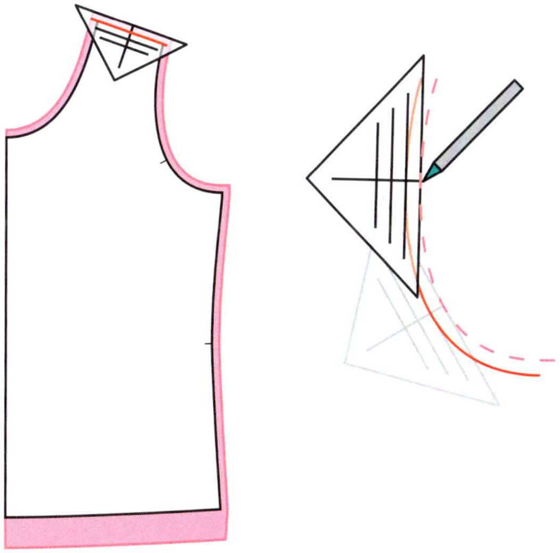

Nahtzugaben sind an den Kanten nötig, die später mit anderen Schnittteilen vernäht werden. Außer bei stark fransenden Stoffen oder französischen Nähten wird meist eine Nahtzugabe von 0,7–1 cm (oder die halbe Nähfuß-Breite) benötigt. An der Bruchkante wird keine Zugabe hinzugefügt.

Zeichne die Nahtzugabe beim Abpausen mit einem Geodreieck an die Nahtlinie an. Strichele die Schnittlinie in regelmäßigen Abständen und zeichne sie dann harmonisch nach. Du kannst das Schnittteil auch ohne Zugaben herauskopieren und die Schnittlinie direkt auf den Stoff übertragen.

TIPP

Halte beim Nähen deine Zugaben ein. Du kannst dich an den Markierungen auf deiner Stichplatte orientieren oder im richtigen Abstand Masking Tape auf die Platte kleben.

SAUMZUGABEN EINZEICHNEN

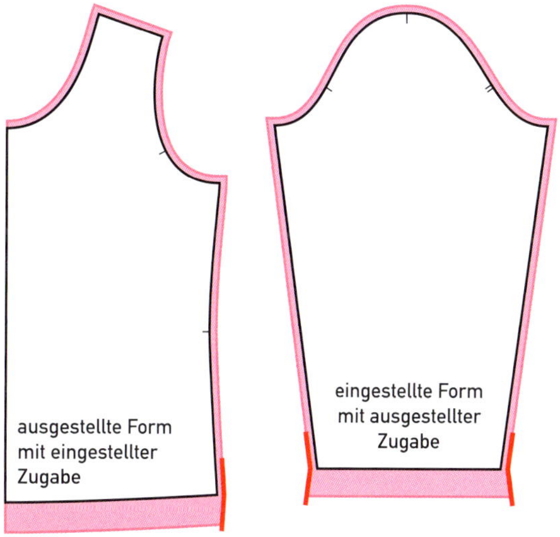

Saumzugaben werden statt der Nahtzugabe an allen Säumen hinzugefügt. Die Zugabe für den Saum wird später nach innen umgeschlagen. Bei Webware plant man häufig einen doppelt umgeschlagenen Saum mit 4 cm ein, da dann die innen liegende Kante zuvor nicht versäubert werden muss. Jersey liegt mit einem einfachen Umschlagsaum von 3 cm oft flacher an.

Gerundete Säume lassen sich mit einer schmaleren Saumzugabe sauberer umnähen. Bei Säumen, in die ein Gummiband gezogen wird, passt man die Zugabe an die Gummibreite an.

Zeichne Spiegelecken ein: Bei ausgestellten Formen muss die Saumzugabe ab der Saumlinie enger werden, da sich sonst zu viel Stoff im Saum befindet. Bei zum Saum hin enger werdenden Schnittteilen benötigt die Saumzugabe mehr Weite.

Zuschneiden

Mit den vorbereiteten Schnittteilen kannst du dich nun endlich an den Zuschnitt wagen. Überlege dir vorher, welche Schnittteile wie zugeschnitten werden müssen, und lege sie am besten stoffsparend auf.

Schnittmusterteile auflegen

Falte für Schnitteile, die im Bruch aufgelegt werden müssen, eine oder beide Webkanten zur Mitte und variiere je nach Schnittteil in der Breite. Dadurch ergeben sich an den gefalteten Kanten zwei Stoffbrüche, und du hast weniger unnötigen Verschnitt, als wenn du deinen Stoff einfach nur zur Hälfte faltest. Probiere durch vorheriges Auflegen aus, wie du bei deinem Projekt Stoff sparen kannst.

Die Papierschnittteile werden auf die linke Seite des Stoffs aufgelegt, damit du später beim Stecken die eingezeichneten Markierungen siehst. Um ein Schnittteil auf den Stoff zu übertragen, stecke es vorsichtig mit Stecknadeln auf dem Stoff fest oder beschwere es mit Nähgewichten, damit nichts mehr verrutschen kann.

Schnittlinien übertragen

Am besten zeichnest du dir die Schnittlinie mit Schneiderkreide oder mit einem Trickmarker ein. Wenn du schon etwas erfahrener bist, kannst du den Stoff auch ohne vorheriges Anzeichnen ausschneiden.

Markierungen übertragen

Die Passzeichen (Knipse) werden innerhalb der Nahtzugabe eingezeichnet oder – wenn du etwas geübter bist – mit kleinen Einschnitten gekennzeichnet. Bei den meisten Projekten ist es sinnvoll, die vordere und hintere Mitte ebenfalls zu markieren. Markierungen wie Taschenpositionen oder Abnäher kannst du mit Stecknadeln oder einem Trickmarker markieren. Auch eine Heftnaht eignet sich als Markierung.

Zuschneiden

Schneide deinen Stoff mit kleinen Schneidebewegungen zu, damit er sich nicht verzieht. Zum Zuschneiden kann auch ein Rollschneider verwendet werden. Dann musst du allerdings eine große Schneidematte unter deinen Stoff legen.

Tipp

Ziehe beim Schneiden nie am Stoff, da sich die Schnittkante sonst verzieht.

Nutze für extravagante Materialien wie Vinyl oder Paillettenstoffe nicht deine gute Stoffschere, sondern lieber eine Bastelschere, die auch stumpf werden darf.

EINLAGE AUFBÜGELN

Wenn dein Schnittteil mit Bügeleinlage verstärkt werden soll, ist jetzt der richtige Zeitpunkt dafür. Achte darauf, dass du nicht aus Versehen deine Markierungen wegbügelst. Schnittteile, die komplett mit Einlage verstärkt werden sollen, kannst du auch vor dem Zuschnitt bebügeln.

WICHTIGE STICHWORTE FÜR DEN ZUSCHNITT

Rechte/linke Stoffseite

Die Vorderseite eines Stoffes wird als rechte, die Rückseite als linke Stoffseite bezeichnet. Die Vorderseite ist diejenige Stoffseite, die später außen sichtbar ist. Die Schnittteile werden normalerweise auf die linke Stoffseite aufgelegt.

Fadenlauf beachten

Aufgrund der unterschiedlichen Dehnbarkeit muss die Stoffrichtung beachtet werden. Der Pfeil (oder auch eine Stoffbruchlinie) markiert den Fadenlauf auf dem Schnittteil.

Im Stoffbruch zuschneiden

Der Stoffbruch ist die Linie auf dem Schnittteil, an der der Stoff gefaltet werden muss. Die Faltung erfolgt parallel zum Fadenlauf. Wird im Stoffbruch zugeschnitten, wird durch beide Stofflagen gleichzeitig geschnitten. Nach dem Aufklappen des Stoffs erhältst du ein zusammenhängendes, an der Bruchkante symmetrisch gespiegeltes Schnittteil. Vorder- und Rückteile von Oberteilen werden normalerweise im Stoffbruch zugeschnitten.

Gegengleich zuschneiden

Spiegelverkehrte Schnittteile wie z. B. Ärmel werden in doppelter Stofflage gegengleich zugeschnitten. Das Schnittteil wird hier nicht an die Stoffbruchkante angelegt, sondern frei auf den gedoppelten Stoff aufgelegt. Es entstehen zwei gespiegelte Schnittteile.

Muster und Strichrichtung beachten

Achte bei gemusterten Stoffen darauf, dass du die Schnittteile so auf dem Stoff platzierst, dass das Motiv gut zur Geltung kommt. Streifenstoffe wirken besonders gut, wenn die Streifen an den Nähten ganz genau aufeinandertreffen.

Bei sogenannten Kopfmustern mit eindeutiger Richtung achte darauf, dass alle Schnittteile in der gleichen – und auch richtigen – Richtung zugeschnitten werden.

Stoffe wie Samt, Cord und Velours haben übrigens eine Strichrichtung. Auch hier wirkt es professioneller, wenn alle Schnittteile in gleicher Richtung zugeschnitten sind.

Stoffverbrauch

Die in den Zuschnittinfos angegebenen Mengen beziehen sich auf eine Stoffbreite von 135 cm. Sollte dein Stoff schmaler oder breiter sein, kann die benötigte Menge variieren. Auch je nach Musterverlauf könntest du eventuell eine andere Stoffmenge benötigen. Bitte lies dir die Anleitung zuerst komplett durch, bevor du den Stoff zuschneidest!

TIPP

Denke daran, dass die Schnittteile mit Mehrgrößen in diesem Buch keine Naht- und Saumzugaben enthalten. Diese Info findest du immer direkt am Schnittteil und natürlich bei der dazugehörigen Projektanleitung.

PROJEKTE

PATCHWORK-KUSCHELKISSEN

Ein Kissen zu nähen ist nicht schwierig – vor allem nicht mit Hotelverschluss! Du wirst gar nicht mehr mit dem Nähen aufhören wollen. Mit Patchwork-Element und umlaufender Paspel wird das Kuschelkissen zu einem echten Designerstück.

MATERIAL

- 45 x 35 cm Velours in Senf
- 35 x 35 cm Velours in Petrol
- 45 x 130 cm Velours in Pflaume
- 2 m Paspel
- Paspel-/Reißverschluss-/Schmalkantfuß
- Kissenfüllung 40 x 40 cm

ZUSCHNITT

Die Schnittteile enthalten 1 cm Nahtzugabe und 4 cm Saumzugabe.

- Patchwork-Kissen Teil 1: 1x aus Velours in Senf (SB 1)
- Patchwork-Kissen Teil 2: 1x aus Velours in Pflaume (SB 1)
- Patchwork-Kissen Teil 3: 1x aus Velours in Petrol (SB 1)
- Für den Hotelverschluss werden **zwei** Rechtecke aus Velours in Pflaume zugeschnitten: je 42 x 32 cm

DU LERNST

Patchwork zusammennähen
Paspel einnähen
säumen
Hotelverschluss arbeiten

VARIANTE

Du möchtest zum Warmwerden erst mal ein ganz einfaches Kissen nähen? Dann schneide für das Vorderteil einfach ein Quadrat (42 x 42 cm) zu, ohne es vorher zusammenzusetzen. Auch auf die Paspel kannst du anfangs verzichten. Dann bist du mit nur sechs Nähten fertig!

TIPP

Verwende für Patchworkarbeiten unelastische Materialien, damit sich beim Nähen nichts verzieht. Schneide exakt zu, damit die einzelnen Teile perfekt zusammenpassen.

SO GEHT'S

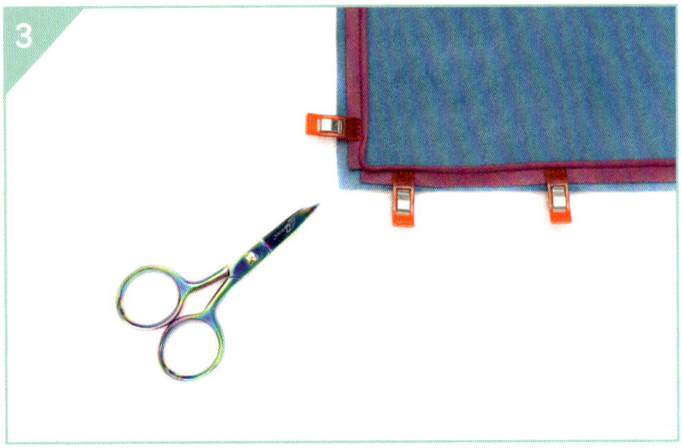

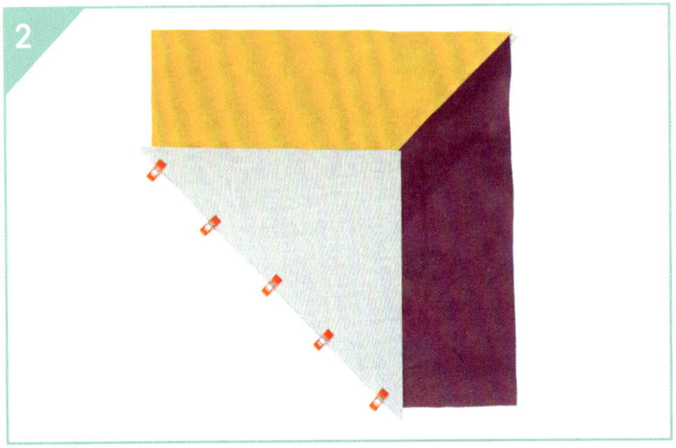

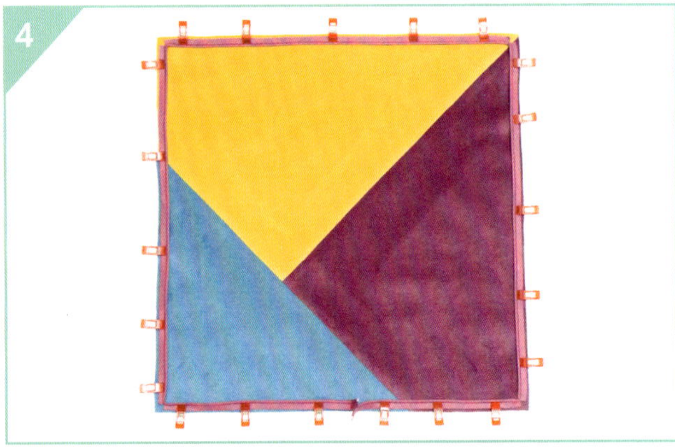

1. Lege das obere, senffarbene Teil 1 rechts auf rechts auf das rechte, pflaumenfarbene Teil 2 und stecke es gemäß der Markierung fest. Nähe die beiden Teile zusammen und halte dabei unbedingt die Nahtzugabe von 1 cm ein! Bügle die Nahtzugaben auseinander. Wenn dein Material empfindlich ist, verwende ein Bügeltuch. Bei ausfransenden Stoffen solltest du alle Schnittteile mit einem Zickzackstich versäubern.

2. Lege das linke, petrolfarbene Teil 3 rechts auf rechts auf den bereits zusammengenähten Teil des Vorderteils. Achte dabei ebenfalls auf die Markierung und nähe die beiden Teile zusammen. Nahtzugaben auseinanderbügeln.

3. Stecke die Paspel auf der rechten Seite des Vorderteils einmal rundherum fest. Die Paspelnaht sollte dabei genau auf der späteren Nahtlinie (1 cm vom Rand entfernt) liegen. Beginne mit dem Feststecken in der Mitte der unteren Kante. Die Kordelseite der Paspel liegt dabei innen, die offene Stoffkante außen. Dort, wo sich die beiden Enden wieder treffen, überlappt sich die Paspel um ca. 5 cm.

4. Damit sich die Paspel schon beim Stecken schön um die Ecke legen kann, schneidest du sie dort am besten vorsichtig bis zur späteren Nahtlinie ein. Achte darauf, dass du die Paspelnaht dabei nicht verletzt.

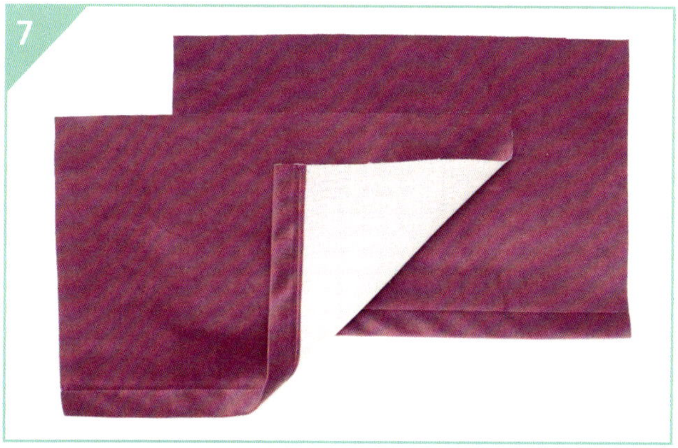

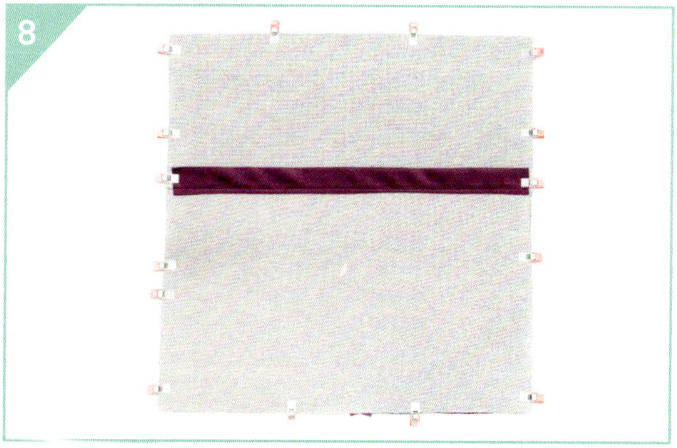

5. Nähe die Paspel rundherum genau auf der Paspelnaht (oder minimal außerhalb) fest. Am einfachsten geht das mit einem Paspelfuß. Alternativ kannst du einen Reißverschluss- oder Schmalkantfuß nutzen. Nähe an Anfang und Ende bis auf 5 cm an die Überlappung heran. Dieser ausgesparte Teil wird für eine besonders schöne Verarbeitung erst im nächsten Schritt festgenäht.

6. Lege Paspelanfang und -ende rechts auf rechts zusammen, sodass die Paspel bis knapp vor die Enden glatt auf dem Vorderteil aufliegt. Markiere dir die Stelle, stecke und nähe die Paspelenden quer zusammen. Nahtzugaben der Paspeln auseinanderklappen und leicht nach außen wegklappen. Das restliche Paspelstück ebenfalls auf dem Vorderteil feststeppen.

7. Lege die Hotelverschlussteile vor dich hin, schlage für einen doppelten Umschlagsaum je eine lange Kante gleichmäßig 1 cm zur linken Seite hin und bügle die Faltkanten sorgfältig. Klappe den Saum nun 3 cm zur linken Seite hin um und bügle ihn flach. Steppe den Saum von rechts mit einem Abstand von 2,5 cm ab. Achte bei Stoffen mit Motiv- oder Strichrichtung darauf, dass ein Teil oben und eines unten gesäumt werden muss.

8. Lege zuerst das obere Hotelverschluss-Rückteil rechts auf rechts oben bündig auf das Vorderteil, dann das untere Hotelverschluss-Rückteil rechts auf rechts unten bündig auf die beiden Kissenteile. Stecke die Seiten gut fest, damit nichts mehr verrutschen kann.

9. Steppe alle Schichten zusammen. Beim Nähen liegt das Vorderteil oben, damit du exakt auf der Naht der angenähten Paspel nähen kannst. Ich arbeite hier am liebsten mit einem Schmalkantfuß. Nähe an den Ecken besonders sorgfältig.

10. Schneide die Nahtzugaben an allen vier Ecken schräg ab, damit sie sich besser ausformen lassen. Verletze dabei nicht die Naht. Wende die Kissenhülle und forme die Ecken schön aus.

TUTORIAL

WERDE SELBST ZUM DESIGNER!

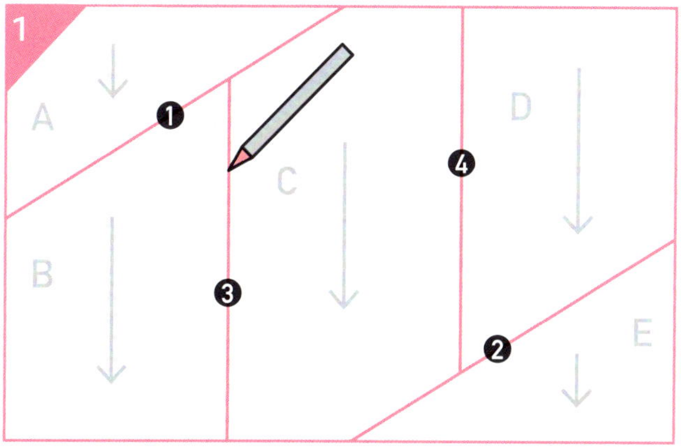

1. Bereite dein gewünschtes Format auf Papier vor. Zeichne Linien ein, die über das ganze Format bzw. ein ganzes Segment gehen. Hier wurden zuerst die beiden schrägen Linien eingezeichnet, anschließend die beiden vertikalen Linien im entstandenen mittleren Segment. Die Reihenfolge des Einzeichnens wird beim Zusammennähen wichtig. Damit du nicht durcheinander kommst, solltest du deine Schnittteile benennen und den Fadenlauf einzeichnen.

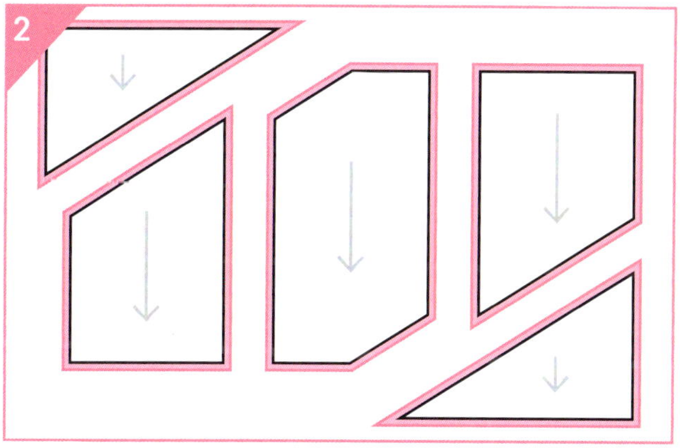

2. Schneide dein Muster an den Linien mit einer Papierschere auseinander. Lege die Schnittteile entweder auf Papier, um die gewünschte Nahtzugabe (1 cm) einzuzeichnen, oder – wenn du schon erfahren bist – direkt auf den jeweils passenden Stoff. Alle Infos zum Anzeichnen der Nahtzugabe findest du auf Seite 19.

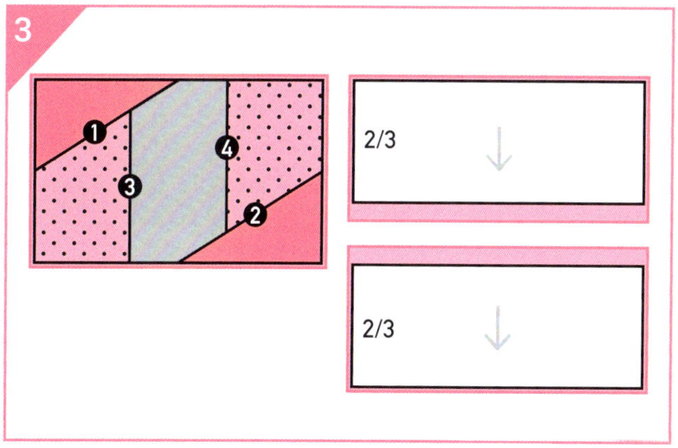

3. Stecke und nähe die Teile rechts auf rechts zusammen und bügle die Nahtzugaben auseinander. Beginne dabei an der zuletzt eingezeichneten Kante „4" und nähe anschließend die Kanten „3", „2" und „1". Dein Vorderteil hat jetzt dein Wunschmaß plus Nahtzugabe. Für den Hotelverschluss des Rückteils nimmst du einfach $^{2}/_{3}$ der Kissenhöhe. An einer der langen Seiten fügst du eine Saumzugabe (4 cm) hinzu, an den anderen drei Seiten eine Nahtzugabe (1 cm). Das Hotelverschluss-Rückteil wird zweimal zugeschnitten. Nähe alles wie beim Patchwork-Kuschelkissen auf Seite 27 zusammen.

QUILT-KISSEN

Aus 1 mach 2! Bei diesem Kissen hast du die Wahl: Welche Seite ist deine Vorderseite? Mit seinen 3D-Ecken steht das Kissen sicher auf seinem Platz und wird mit einer passenden Schaumstofffüllung zu einem bequemen Stuhlkissen.

MATERIAL

- 50 x 100 cm Baumwoll-Webware
- 50 x 100 cm Volumenvlies (H 630/H 640)
- kontrastfarbiges Garn/Denim-Garn
- Reißverschluss, mind. 30 cm lang
- Reißverschlussfuß
- Kissenfüllung 40 x 40 cm oder Schaumstoff-Zuschnitt 34 x 34 cm, 4 cm dick

ZUSCHNITT

Die Schnittteile enthalten 1 cm Nahtzugabe.

- Für das Kissen werden **zwei** Rechtecke aus Webware zugeschnitten: 42 x 42 cm
- Quilt-Kissen Vorlage: Herz-Klee (SB 1)

DU LERNST

Volumenvlies aufbügeln
Muster auf Stoff übertragen
steppen/quilten
um die Ecke nähen
Reißverschluss einnähen
3D-Ecken abnähen

VARIANTE

Wenn dir ein Reißverschluss anfangs zu kompliziert ist, passt auch der Hotelverschluss des Patchwork-Kuschelkissens (Seite 24) an dieses Kissen. Du kannst das Kissen auch einfach ohne den 3D-Effekt an den Ecken nähen.

SO GEHT'S

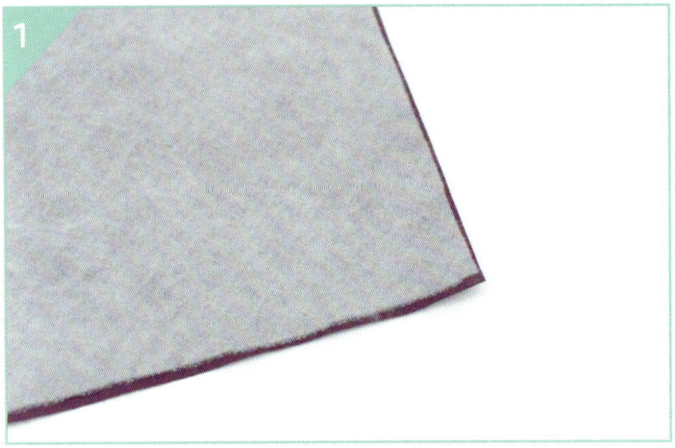

1. Lege das Volumenvlies mit der beschichteten Seite nach unten auf die linke Seite des Vorderteils und bügle es nach Herstellerangabe auf. Bereite das Rückteil genauso vor. Ausfransende Stoffe kannst du jetzt rundum mit einem Zickzackstich versäubern.

2. Teste vorher an einer unauffälligen Stelle, ob sich dein Trickmarker oder Kreidestift wieder entfernen lässt, und übertrage dann folgendes Muster auf die rechte Seite des Vorderteils: Zeichne zunächst von Ecke zu Ecke zwei Diagonalen auf. Viertle anschließend alle Seiten und zeichne an alle Kanten ein Dreieck parallel zu den Diagonalen, beginnend beim zweiten Viertelpunkt und endend beim dritten Viertelpunkt der Seite.

3. Pause für das Rückteil ein Herz der Vorlage vom Schnittmusterbogen ab, schneide es aus und falte es achsensymmetrisch. Markiere den Mittelpunkt des Stoffquadrats und lege die Spitze des Herzens an die Markierung. Der Falz des Herzens verläuft entlang der gedachten Diagonale. Übertrage auch die restlichen drei Herzen auf diese Weise. (Oder übertrage das Gesamtmotiv vom Bogen auf den Stoff.)

4. Nähe beim geometrischen Muster nun zuerst die beiden Diagonalen nach. Ein dickeres Garn, z. B. Denim-Garn, macht sich hier besonders gut. Verriegle dabei Anfang und Ende der Nähte. Die Stichlänge sollte dabei nicht zu groß sein, damit du die Dreiecke später exakter nähen kannst.

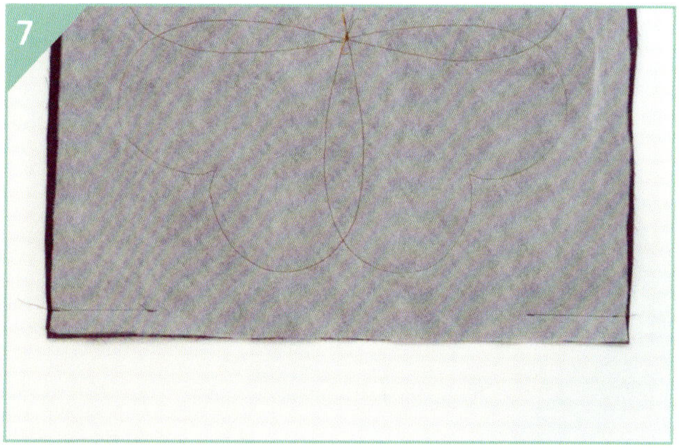

5. Nähe anschließend die vier Dreiecke nach. Um die Ecken sauber zu nähen, nähe jeweils bis zur Ecke, hebe dein Nähfüßchen, drehe den Stoff um 90 Grad, senke das Füßchen wieder und nähe das Dreieck zu Ende.

6. Das Herzmuster startet in der Mitte und alle vier Herzen werden in einem Rutsch hintereinander genäht. Das Muster endet ebenfalls in der Mitte. Schneide an Nahtanfang- und Ende die Fäden nicht zu kurz ab: Ziehe den Oberfaden jeweils zur linken Seite und verknote ihn mit dem Unterfaden. Eine sichtbare Verriegelung wäre bei diesem Muster nicht so schön.

7. Lege das Rückteil rechts auf rechts auf das Vorderteil und steppe die untere Seite an beiden Enden jeweils 7 cm zusammen, sodass ein Schlitz für den Reißverschluss entsteht.

8. Bügle die Nahtzugaben auseinander, auch im Bereich des Reißverschlussschlitzes.

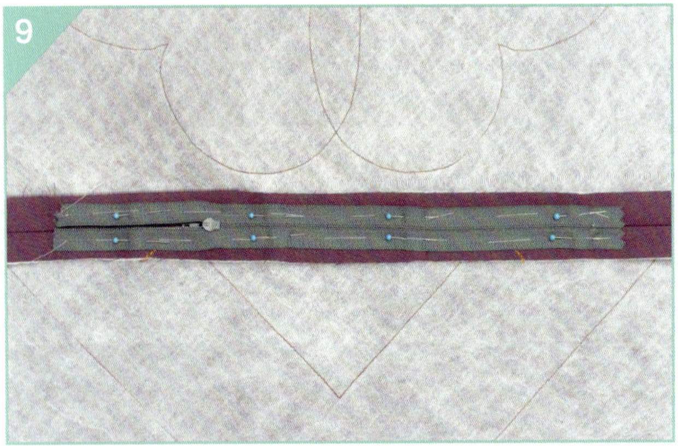

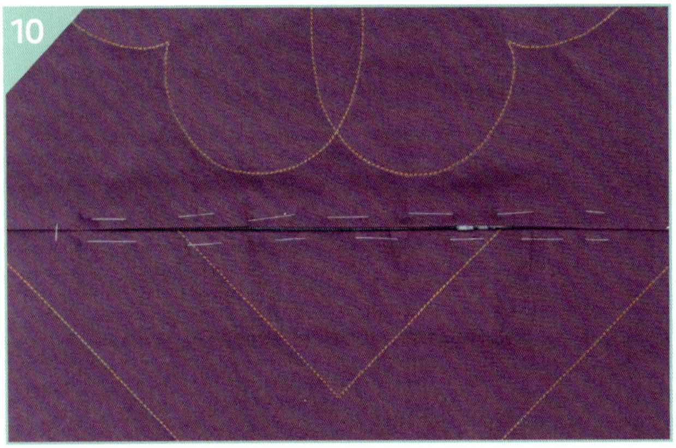

9. Stecke den Reißverschluss mit den Zähnchen nach unten auf die linke Seite des Schlitzes. Wenn dein Reißverschluss zu lang ist oder du Endlosreißverschluss benutzt, kürze ihn so, dass er den Schlitz an beiden Seiten nur leicht überlappt.

10. Hefte ihn am besten fest, damit du ihn von der rechten Stoffseite her absteppen kannst. Vergiss nicht, die Stecknadeln vor dem Nähen zu entfernen! Nähe mit dem Reißverschlussfüßchen einmal knappkantig in Form eines Rechtecks um den Reißverschluss herum. Benutze für eine unauffällige Naht farblich zum Stoff passendes Garn.

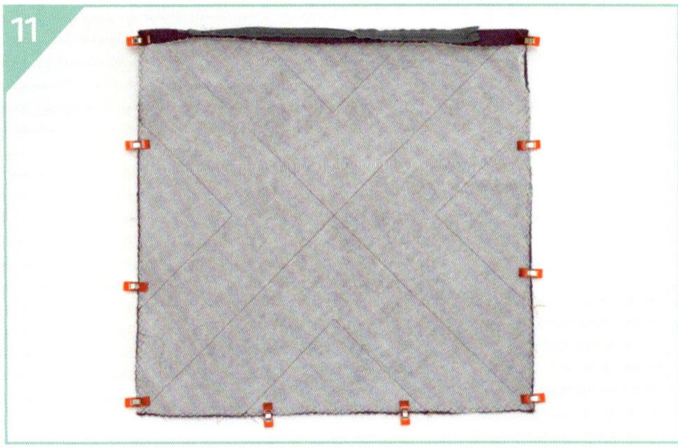

11. Lege das Vorderteil rechts auf rechts auf das Rückteil und nähe die drei offenen Seiten zusammen.

12. Für die optionalen 3D-Ecken: Lege jetzt die Ecke so aufeinander, dass sich die Nähte genau treffen. Vorder- und Rückteil zeigen im 45-Grad-Winkel nach außen. Zeichne dir eine waagrechte Linie im Abstand von 2 cm zur Nahtecke und steppe diese ab. Die Nahtzugaben werden dabei außer an den Reißverschlussecken auseinandergelegt. Alle Ecken auf diese Weise abnähen und bei Bedarf den Stoff bis auf 1 cm zurückschneiden. Wende die Kissenhülle und forme die Ecken schön aus.

Tipp

Natürlich kannst du die Kissenhülle auch mit einer normalen Kissenfüllung als Sitzkissen verwenden.

IGEL-NADELKISSEN

Der kleine Igel eignet sich nicht nur als Aufbewahrungsort für deine Stecknadeln: Ohne Nadeln ist er auch ein knuffiges Kuscheltier, das nicht nur die Allerkleinsten erfreut.

MATERIAL

- 25 x 15 cm Cord
- 30 x 20 cm Velours
- Füllwatte
- schwarzes Stickgarn
- Sticknadel

DU LERNST

Abnäher nähen
enge Rundungen arbeiten
verstürzte Naht wenden
über dicke Stellen nähen
Wendeöffnung (mit Matratzenstich) schließen

ZUSCHNITT

Die Schnittteile enthalten 1 cm Nahtzugabe.

- Igel Rücken: 2x gegengleich aus Cord (SB 1)
- Igel Ohr: 4x aus Velours (SB 1)
- Igel Gesicht: 2x gegengleich aus Velours (SB 1)
- Igel Schwanz: 2x aus Velours (SB 1)
- Igel Bauch: 1x aus Velours (SB 1)

TIPP

Auf dem Schnittmusterbogen ist nicht nur die Strichrichtung eingezeichnet. Wenn du Motivstoffe benutzt, solltest du dich am angegebenen Fadenlauf orientieren.

Tipp

Nähe als Anfänger einen Igel aus dünneren Baumwollstoffen, damit du dich nicht durch zu dicke Schichten kämpfen musst.

SO GEHT'S

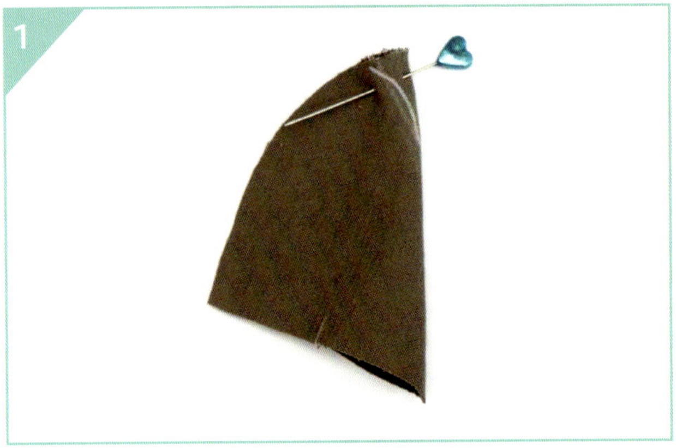

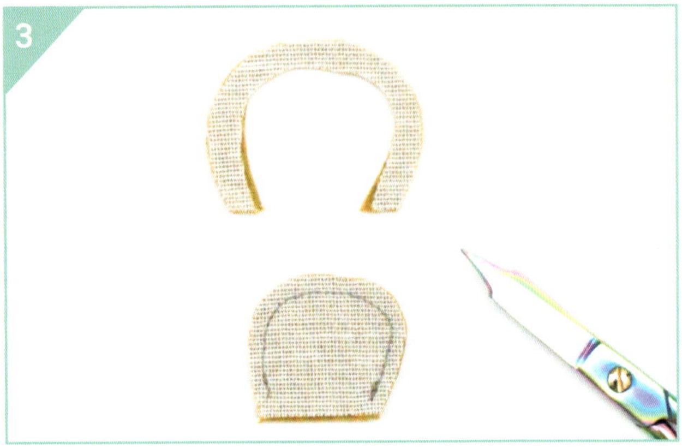

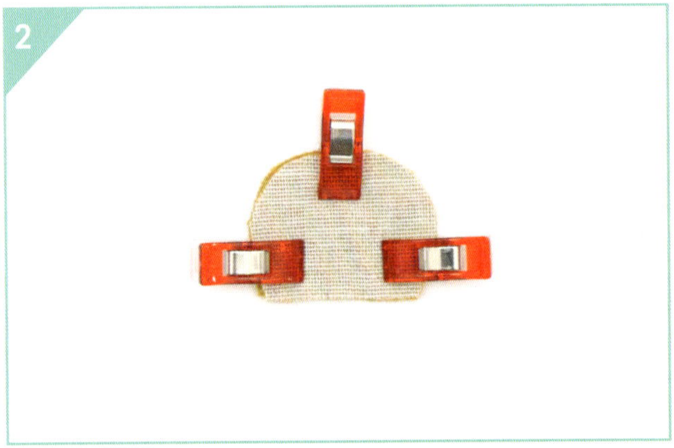

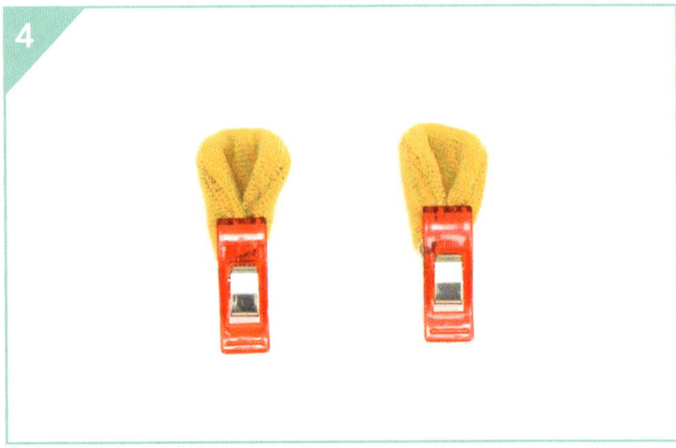

1. Falte die Abnäher-Schenkel des Rücken-Schnittteils rechts auf rechts aufeinander. Stecke den Abnäher und steppe ihn mit einem Geradstich ab. Beginne mit deiner Naht außen und lasse die Kurve sanft zum Ende hin auslaufen. Verriegle das Nahtende nicht, sondern lasse die Fäden stehen und verknote sie stattdessen. Das zweite Rückenteil genauso vorbereiten.

2. Lege zwei Ohrteile rechts auf rechts aufeinander, stecke und nähe sie langsam an der Rundung zusammen. Besonders langsam und präzise kannst du übrigens mit dem Handrad nähen. Drehe dabei das Handrad auf dich zu. Wenn dir das Nähen der engen Rundung schwer fällt, hebe alle zwei Stiche dein Nähfüßchen an und drehe das Nähgut ein Stück weiter.

3. Schneide die Nahtzugaben bis auf 3 mm zurück und wende das Ohr. Wenn es dir mit dickerem Stoff einfach nicht gelingen mag, wähle für die Ohren einen farblich passenden, dünneren Stoff. Forme das Ohr am besten mit einem Kantenformer aus. Die Nahtzugaben liegen bei der verstürzten Naht im Inneren versteckt und müssen deshalb vorher nicht versäubert werden.

4. Falte den unteren Ohrrand wie auf dem Bild zu sehen jeweils zur Mitte hin und fixiere die Faltung innerhalb der Nahtzugabe. Am leichtesten geht das mit einem kleinen Handstich.

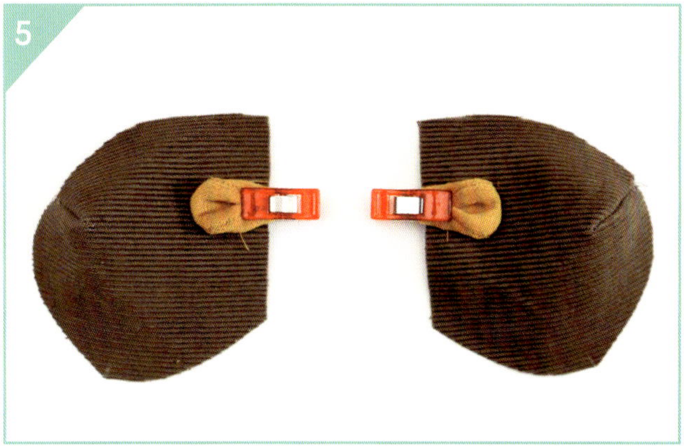

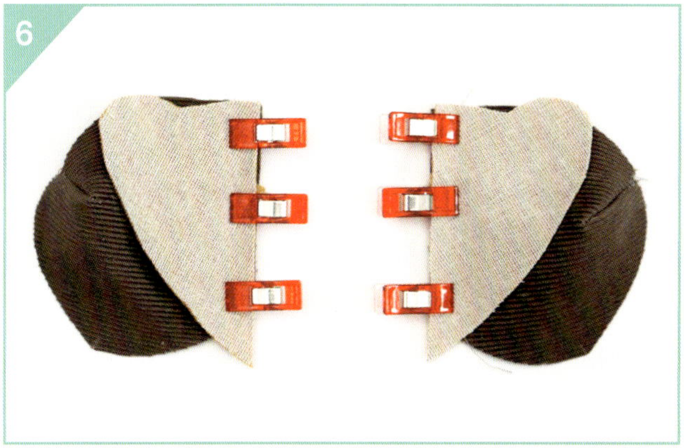

5. Stecke das Ohr mit der Faltung nach oben an die Markierung auf die rechte Seite eines Rückenteils und nähe es innerhalb der Nahtzugabe fest. Lege ein Stück gefalteten Stoff als Höhenausgleich unter das Füßchen, damit dein Nahtanfang besser gelingt. Das zweite Ohr genauso vorbereiten und an das übrige Rückenteil annähen.

6. Lege ein Gesichtsteil rechts auf rechts oben bündig auf das passende Rückenteil und stecke alles zusammen (unten steht die Nahtzugabe über). Nähe langsam über die vielen Schichten. Halte die Nahtzugabe genau ein, damit die Ohrnaht später nicht zu sehen ist. Kontrolliere, ob beide Ohren gleich groß aussehen, und korrigiere bei Bedarf eine der beiden Nähte. Arbeite die andere Igelseite genauso.

7. Lege beide Igelseiten rechts auf rechts aufeinander. Stecke und nähe sie an der Oberkante zusammen und beginne dabei am Gesäß. Achte darauf, dass die beiden Nähte an der Stirn genau aufeinanderliegen, damit am Ende alles sauber aussieht. Kürze die Nahtzugabe vor allem zwischen Schnauze und Stirn. Am Rücken kannst du die Nahtzugabe bis kurz vor die Naht einzwicken, damit sie nach dem Wenden flach liegen kann. Wende das Igeloberteil.

8. Bereite den Igelschwanz vor, indem du ihn wie das Ohr (Schritt 2 und 3) an der Rundung zusammennähst, die Nahtzugabe zurückschneidest und wendest. Stecke und nähe den Schwanz anschließend auf die rechte Seite der Gesäßnaht. Die beiden offenen Kanten liegen dabei aufeinander.

9. Wende das Igeloberteil auf links und lege es rechts auf rechts auf den Bauch. Klappe die Nahtzugaben auseinander und stecke es rundherum fest. Nähe alles zusammen und lasse am Gesäß eine Wendeöffnung von etwa 5 cm. Die perfekte Nase erhälst du, wenn du an der Schnauzenspitze eine Ecke nähst, indem du die Nadel stecken lässt, das Nähfüßchen kurz hebst und dein Nähgut fürs Weiternähen drehst. Nahtzugabe kürzen und Igel wenden.

10. Stopfe den Igel mit Füllwatte und forme ihn aus. Achte bei der Füllmenge darauf, dass der Bauch nicht zu rund wird, damit der Igel später nicht umkippt.

11. Schließe die Wendeöffnung am Gesäß mit einem Matratzenstich per Hand: Stich parallel zur Öffnung 5 mm in die untere Stoffkante nach links, stich dann genau darüber 5 mm nach links und fahre so fort, bis die Öffnung geschlossen ist. Die von außen sichtbaren Fäden liegen dann wie eine Leiter im rechten Winkel zur Stoffkante und sind am Ende kaum zu sehen. Dieser Stich dauert seine Zeit, ist aber jede Mühe wert.

12. Sticke Nase und Augen auf: Dafür eignet sich ein Plattstich (dicht aneinandergrenzende, parallele Stiche). Nähe so viele Stiche, bis die gewünschte Flächigkeit erreicht ist. Die Augen kannst du für mehr Fülle zusätzlich nach jedem Stich mit einem Knoten versehen. Du kannst auch kleine, schwarze Knöpfchen als Augen annähen. Achte bei den Augen darauf, dass sie nicht zu nah beieinander liegen.

Variante

Besonders süß wird dein Igel, wenn du den Rücken aus langflorigem Kunstfell arbeitest. Vielleicht hast du vom Fellpompon auf Seite 76 noch einen Rest übrig. Lies auch im Materiallexikon nach, was es beim Verarbeiten von Fellimitat zu bedenken gibt.

UNTERSETZER UND SCHALE AUS SEIL

Schalen aus Seil sind als Rope Bowl bekannt, was nichts anderes als Seil-Schüssel bedeutet. Hübsche Spiralnäharbeiten aus Bast gibt es schon ganz lange. Mit Baumwollseil und einer Nähmaschine geht's wesentlich schneller!

MATERIAL

- Baumwollseil, 6 mm Ø
- evtl. SnapPap
- evtl. kontrastfarbiges Garn
- evtl. bunte Stoffstreifen

ZUSCHNITT

Untersetzer und Schale benötigen keinen Zuschnitt. Der kleine Untersetzer (9 cm Ø) benötigt 1,5 m, die Schale (12/20 cm Ø, 11 cm hoch) etwa 10 m Seil.

DU LERNST

mit Seil nähen
Stoffreste einarbeiten
SnapPap verwenden

TIPP

Wähle bei einem Seil mit 6 mm Durchmesser einen Zickzackstich mit einer Stichlänge von 2,5 mm und eine Stichbreite von 5 mm. Je enger du den Zickzackstich wählst – oder wenn dein Seil einen Kern hat –, desto fester wird dein fertiges Projekt. Nutze zum Nähen eine 90er-Universalnadel oder eine Jeansnadel.

SO GEHT'S

1. Rolle das Baumwollseil ein paar Runden eng auf und fixiere es mit Wonder Clips oder Stecknadeln.

2. Nähe die ersten Runden sternförmig mit engen Zickzackstichen oder mit dekorativen, kontrastfarbigen Handstichen fest. Nähe dabei einen Stern über die ersten vier bis fünf Runden. Für das Nähen mit Seil eignet sich eine Jeansnadel besonders gut.

TIPP

Dein erster Untersetzer wölbt sich vielleicht, weil das Seil mit zu viel oder zu wenig Spannung unter den Nähfuß geführt wurde. Wenn du es mit viel Dampf und Druck bügelst, wird es am Ende glatt. Irgendwann hast du dann den richtigen Dreh raus!

3. Jetzt legst du den Kreis so unter deine Nähmaschine, dass er links von der Nadel liegt und das offene Seilende von unten in den Kreis läuft. Nähe jetzt das mitlaufende Seil langsam an den bereits genähten Kreis mit einem Zickzackstich an. Achte darauf, dass die Nadel immer links in den bereits genähten Kreis und rechts in das mitlaufende Seil einsticht. Lege das mitlaufende Seil beim Nähen leicht an den Kreis und ziehe nicht daran.

4. Schneide das Seil ab, wenn der Kreis den gewünschten Durchmesser erreicht hat (hier ca. 9 cm), und nähe bis über das Seilende hinweg auf die Vorrunde des Untersetzers. Verriegle das Nahtende.

5. Schneide ein Stück SnapPap (3 x 6 cm) zu und falte es der Länge nach in der Mitte. Mit dem Label kannst du das Nahtende dekorativ verstecken. Wenn du dein Label verzieren möchtest, kannst du es beplotten, bemalen und vieles mehr. Hier wurde mit einem kleinen Stanzer ein Herz ausgestanzt. Nähe das Label an. Fertig!

6. Eine Schale beginnst du genauso wie einen Untersetzer. Wenn dein gewünschter Bodendurchmesser erreicht ist (hier 12 cm), kippst du den Kreis nach oben. Je stärker du das Nähstück kippst, desto steiler wird die spätere Wand. Drücke das Seil beim Nähen auch hier ohne zu ziehen an das bereits genähte Stück und lasse das Seil gerade von vorne kommen.

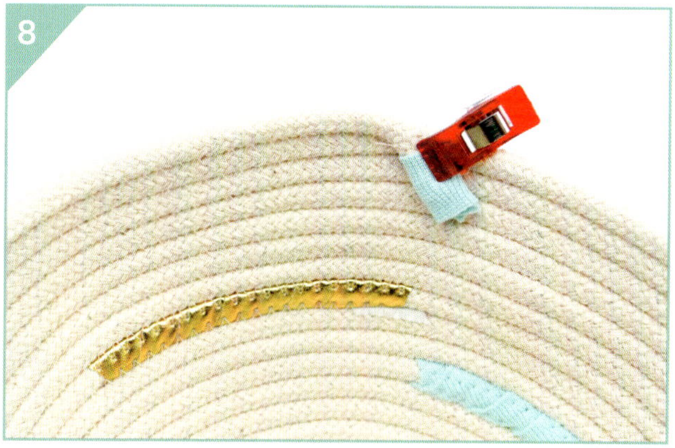

7. Untersetzer und Schale sehen besonders hübsch aus, wenn du kontrastfarbiges Garn für den Zickzackstich verwendest oder wenn du in unregelmäßigen Abständen schmale Stoffstreifen um das Seil wickelst. Die Streifen hier sind ca. 15 cm lang und 1,5 cm breit. Wickle sie kurz vor dem Nähfuß um das Seil und verstecke die Enden unter dem Streifen oder zwischen den beiden Seil-Lagen.

8. Beim Nähen des Schalenrands liegt dieser flach auf der Stichplatte. Du kannst das Ende auch ein wenig stehen lassen, mit einem kleinen Stoffstück umwickeln und innerhalb der Schale mit wenigen Handstichen feststeppen.

TRANSPARENTER KOSMETIKBEUTEL

Mit diesem schicken Beutel aus Vinyl hast du immer alles im Blick – egal ob Kosmetik oder Nähutensilien. Das schnelle Projekt macht sich auch auf Flugreisen gut, und mit Tragegurt wird der Kosmetikbeutel mit Spitzenreißverschluss unterwegs ein Hingucker.

MATERIAL

- 25 cm transparente Folie oder Vinyl
- 20 cm Schrägband, 38 mm
- Spitzenreißverschluss, mind. 18 cm lang, 25 mm breit
- XXL-Wonder Clips/Wäscheklammern
- Seiden-/Backpapier
- Reißverschlussfuß
- Teflonfuß/Masking Tape
- evtl. Taschenkette mit Karabinern

ZUSCHNITT

Das Schnittteil enthält 1 cm Nahtzugabe.

- Für den Kosmetikbeutel werden **zwei** Rechtecke aus Vinyl zugeschnitten: 20 x 20 cm

DU LERNST

Spitzenreißverschluss annähen
Reißverschluss kürzen
Origami-Ecken arbeiten
schlecht gleitendes Material vernähen

VARIANTE

Nähe den Kosmetikbeutel als Anfänger aus beschichteter Baumwolle. Dann kannst du auch Stecknadeln verwenden. Wenn du die Laschen weglässt, ist der Beutel besonders schnell genäht. Wie du einen normalen Reißverschluss einnähst, findest du hier: pedilu.com/kosmetikbeutel

TIPP

Passe die Größe des Rechtecks für eine andere Größe einfach an. Achte nur darauf, dass dein vorbereiteter Reißverschluss 2 cm kürzer als die Rechteckbreite ist.

MAC
CHANEL
LE VERNIS
NAIL COLOUR
08
PIRATE
CHANEL

SO GEHT'S

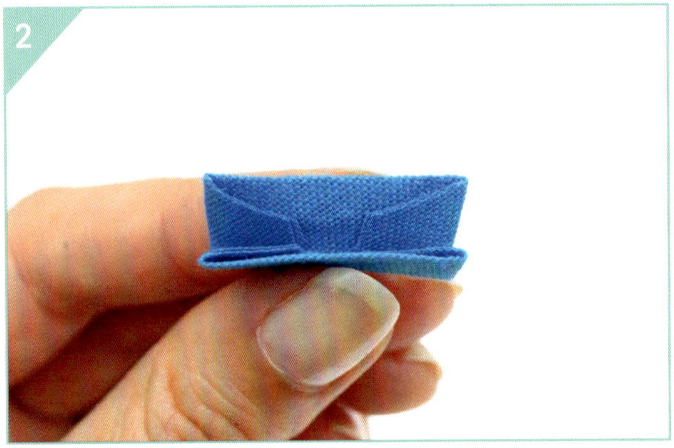

1. Bereite zuerst die optionalen Laschen vor, wenn du später einen Taschengurt am Beutel befestigen möchtest. Schneide zwei Schrägbandstücke von 4 cm Länge zu. Falte das Band jeweils erst der Länge nach zur Hälfte und dann die beiden offenen Kanten links auf links aufeinander. Bügle die Laschen anschließend glatt.

2. Nimm ein 4,5 cm langes, vorgefalztes Schrägbandstück und falte zuerst die offenen Kanten 1 cm zur linken Seite hin. Schneide die eben gefalteten Nahtzugaben an den Rändern schräg ab, damit sie später nicht herausragen. Klappe anschließend die vorgefalzten Kanten links auf links aufeinander und bügle die Faltkante glatt. Dein gefalteter Einfassstreifen ist jetzt 1 cm breit und 2,5 cm lang.

3. Kürze deinen Reißverschluss mit einer Bastelschere gegebenenfalls auf 18 cm. Sichere dabei die Enden mit ein paar Handstichen! Stecke den Einfassstreifen so über das Reißverschlussende, dass auch die seitliche Reißverschlusskante von der Nahtzugabe des Schrägbands umschlossen wird. Auf der rechten Seite des Reißverschlusses kannst du die optionale Lasche (Schritt 4) zwischen Einfassstreifen und Reißverschluss stecken.

4. Steppe den Einfassstreifen knapp neben der Kante durch alle Schichten durch ab. Achte darauf, dass die Lasche stabil befestigt ist. Fasse auch die andere Seite des Reißverschlusses auf dieselbe Weise ein.

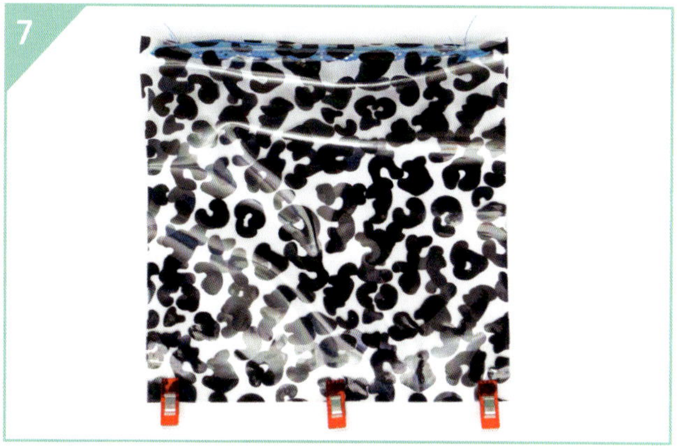

5. Lege den Reißverschluss links auf rechts auf das Rechteck. Die obere Kante endet an der Spirale und die Seiten überragen je 1 cm. Stecke alles mit Wäscheklammern zusammen. Lege beim Nähen für einen besseren Transport Backpapier auf die Transportplatte. Nähe den Reißverschluss mit einem Reißverschlussfuß knapp neben der Spirale mit einem langen Geradstich an. Beginne und ende mit der Naht kurz vor dem Einfassstreifen und klappe dabei die Laschen weg. Entferne das angenähte Backpapier von der Rückseite.

6. Lege die Kante des zweiten Rechtecks auf dieselbe Weise an die andere Seite des Reißverschlusses und nähe ihn an. Arbeite hier besonders sorgfältig, da du nur die beiden Außenkanten fixieren kannst. Wenn du nur dort einstichst, wo das Vinyl später vom Reißverschluss überdeckt ist, kannst du auch in der Mitte vorsichtig Stecknadeln verwenden.

7. Lege beide Taschenteile rechts auf rechts aufeinander. Klammere und nähe die untere Kante mit einem Geradstich zusammen. Nähe mit einem Teflonfuß, der auch schlecht gleitende Materialien gut transportiert, und verwende wieder Backpapier. Statt eines Teflonfußes kannst du auch ein Stück Masking Tape auf die Sohle deines Standard-Nähfußes kleben.

8. Lasse die beiden Taschenteile rechts auf rechts aufeinandergefaltet und falte die zuletzt genähte Naht wie auf dem Bild zu sehen 3 cm nach innen, um die Origami-Ecke zu nähen. Beim Shopper aus Kork auf Seite 60 (Schritt 2) siehst du die Faltung etwas genauer.

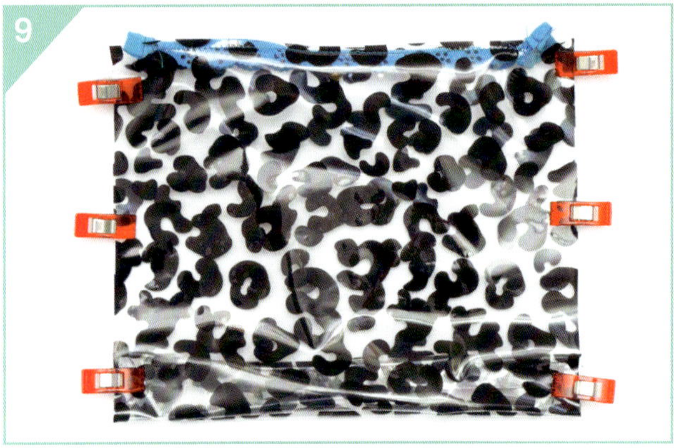

9. Klammere und nähe beide Außennähte zusammen, ohne den Reißverschluss zu erfassen.

10. Wende die Tasche durch den geöffneten Reißverschluss und forme die Origami-Ecke leicht aus. Wenn dein Material eher dick ist, kannst du die Nahtzugabe auch zurückschneiden.

TIPP

Im Handel sind auch tolle Taschenketten aus Metall erhältlich. Die Karabiner sind meist schon mit dabei. Oder du nähst dir einen Taschengurt selbst – in jeder deiner Lieblingsfarben.

TUTORIAL

VERSTELLBARER TASCHENGURT

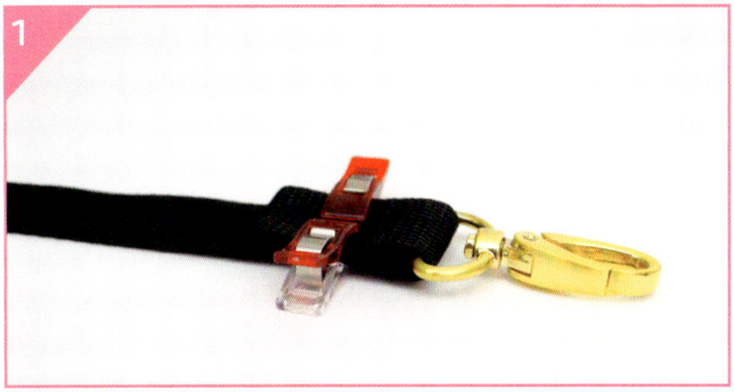

1. Fädle das Gurtband durch den Karabiner und schlage es erst 3 cm und dann weitere 4 cm um den Karabiner herum nach innen um. Nähe es am besten mit einem Rechteck und einem dekorativen Kreuz fest, damit sich die Kraft später gut verteilt.

2. Jetzt fädelst du das andere Ende des Gurtbands zuerst durch die erste, dann locker durch die zweite Öffnung des Schiebers und anschließend durch den zweiten Karabiner. Der Karabiner zeigt dabei vom Schieber weg.

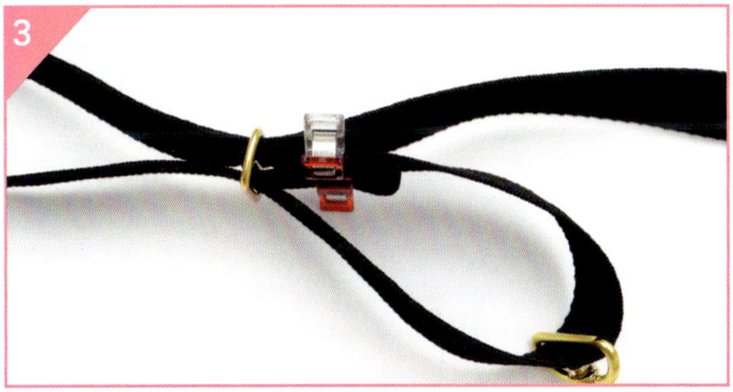

3. Das Gurtband wird nun, wie auf dem Bild zu sehen, erneut erst durch die erste und dann durch die zweite Öffnung des Schiebers gefädelt. Klappe auch dieses Ende erst 3 cm und dann 4 cm um den Schieber herum nach innen um. Fixiere die drei Schichten und verschiebe den Schieber bei Bedarf so, dass du gut an das Gurtende herankommst, und nähe es ebenfalls mit einem Rechteck fest.

VARIANTE

Wenn du zuvor ein dekoratives Webband aufnähst: Achte darauf, dass der Gurt noch durch die Öffnungen des Schiebers passt.

GOLDENE ABENDTASCHE

Mit dieser Tasche hast du immer das Nötigste mit dabei. Aus anderem Material und mit einem verstellbaren Taschengurt wird die Abendtasche zu einem täglichen Begleiter.

MATERIAL

- 35 cm folienbeschichtete, gewebte Viskose (Oberstoff)
- 35 cm gewebte Viskose (Futterstoff)
- 50 x 35 cm Einlage (Style-Vil/S 320)
- Magnetverschluss zum Annähen
- 2 D-Ringe (12 mm)
- Taschenkette mit Karabinern

ZUSCHNITT

Die Schnittteile enthalten 1 cm Nahtzugabe und 2 cm Saumzugabe.

- Abendtasche Vorderteil: je 1x im Stoffbruch aus Oberstoff, Futterstoff und Einlage (SB 2)
- Abendtasche Rückteil: je 1x im Stoffbruch aus Oberstoff, Futterstoff und Einlage (SB 1)
- Abendtasche Innentasche: 1x aus Futterstoff (SB 1)

DU LERNST

Schnittteile verstärken
Innentasche aufnähen
Abnäher arbeiten
absteppen
verstürzte Naht wenden

VARIANTE

Zum Üben eignet sich auch Canvas als Oberstoff und gewebte Baumwolle als Futterstoff. Die Verarbeitung mit einer Schabrackeneinlage zum Aufbügeln (S 320) ist einfacher als mit Style-Vil. Kunstleder musst du in den meisten Fällen gar nicht verstärken. Infos zu den Einlagen findest du auf Seite 108.

TIPP

Stecke empfindliche Materialien innerhalb der Nahtzugaben oder nutze Wonder Clips! Bei Stoffen, die nicht gebügelt werden dürfen, streiche die Abnäher vorsichtig mit der Rückseite deines Fingernagels in die gewünschte Richtung.

SO GEHT'S

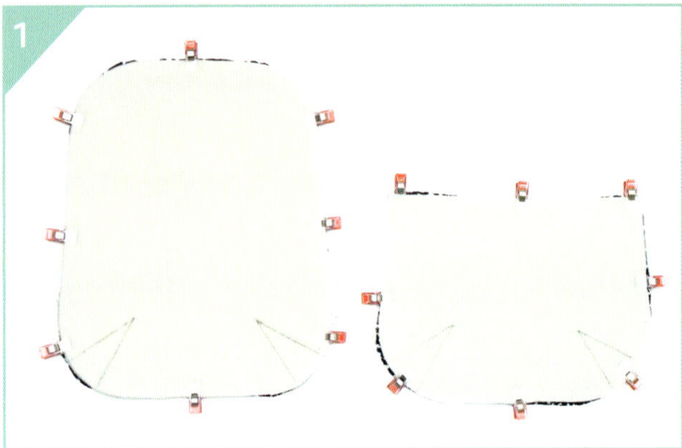

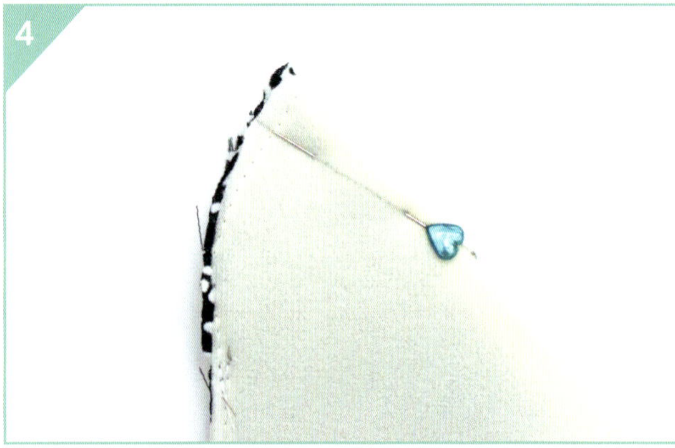

1. Verstärke die linke Seite der Futterteile: Bügeleinlage kannst du einfach aufbügeln, Polstereinlage wird innerhalb der Nahtzugabe aufgesteppt. Wenn du lieber Einlage auf den Oberstoff bügelst oder Kunstleder verwendest, musst du die Stelle für den Magnetverschluss auf dem Futterteil innen verstärken, damit nichts ausreißen kann.

2. Bügle die Nahtzugaben der Innentasche nach innen, schlage die Oberkante der Tasche ebenfalls nach innen (erst 1 cm, dann erneut 1 cm) und steppe sie ab.

3. Jetzt wird die Tasche links auf rechts an der Markierung an das Rückteil gesteckt und sorgfältig abgesteppt. Beginne dabei an der Oberkante und nähe erst eine Seite, dann die Unterkante und zuletzt die zweite Seite. Am besten sicherst du Nahtanfang und -ende mit einem kleinen Dreieck oder einem Riegel.

4. Alle Abnäherlinien von Futterstoff- und Oberstoffteilen rechts auf rechts zusammenlegen und die Linie von außen nach innen absteppen. Lasse die Naht dabei sanft auslaufen und verknote die Fadenenden. Wenn möglich Futterstoff-Abnäher nach oben, Oberstoff-Abnäher zur Mitte hin bügeln, damit die Schichten später nicht zu dick werden.

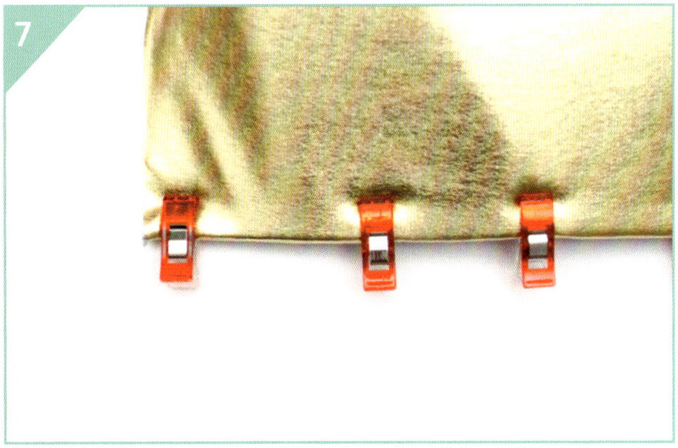

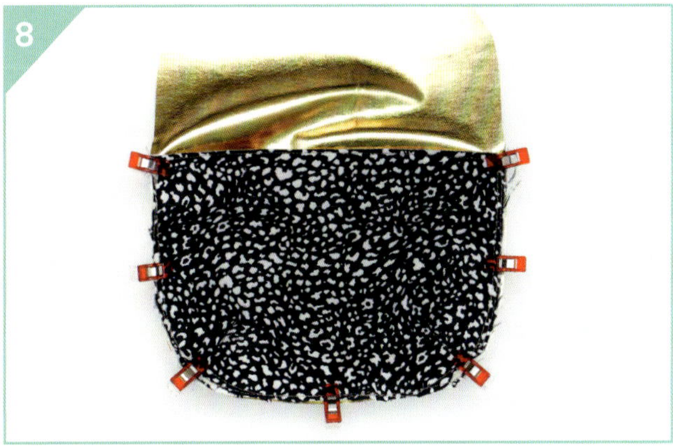

5. Nähe den Magnetverschluss mit der Hand am Futter-Rückteil an. Vergiss nicht, die Stelle zu verstärken, falls du keine Einlage für das Futter verwendest. Das passende Gegenstück auf dem Vorderteil nähst du ganz zum Schluss an beide Lagen an, um die optimale Position für deine Tasche herauszufinden.

6. Stecke das Futter-Vorderteil rechts auf rechts auf das Oberstoff-Vorderteil und nähe beides an der Oberkante zusammen. Halte dabei die enthaltene Nahtzugabe von 1 cm ein.

7. Wende jetzt das Vorderteil so, dass die beiden rechten Seiten außen liegen. Die verstürzte Naht sorgfältig ausformen, wenn möglich bügeln. Steppe die Oberkante knappkantig ab. Bei beschichteten Stoffen gleitet ein Teflonfuß besser über das Nähgut, und Backpapier auf der Transportplatte sorgt für einen besseren Transport.

8. Stecke die Rundung der beiden Vorderteile links auf links zusammen. Die Abnäher treffen dabei aufeinander. Hefte am besten alles innerhalb der Nahtzugabe zusammen. Lege anschließend das geheftete Vorderteil mit der rechten Oberstoffseite auf die rechte Seite des Oberstoff-Rückteils. Die rechte Futterseite des Vorderteils liegt jetzt oben, und die Oberkante trifft auf die Markierungen des Rückteils.

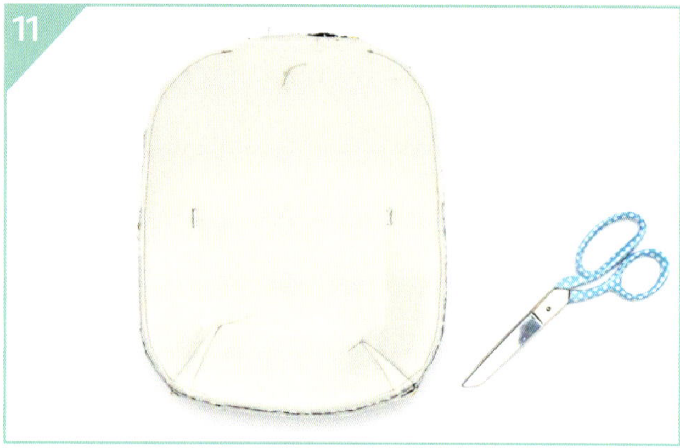

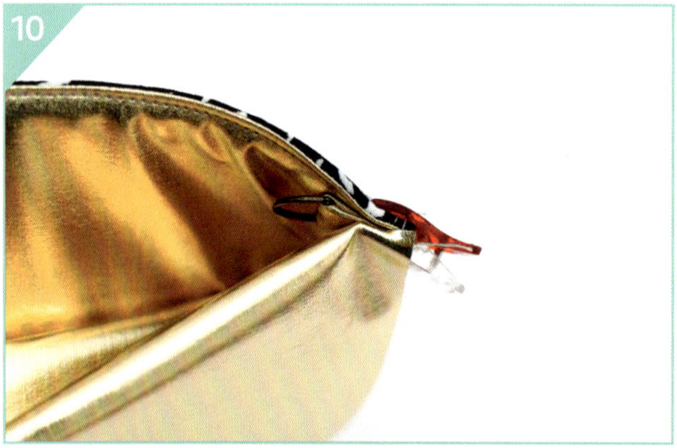

9. Schneide für die Schlaufen zwei Rechtecke (je 4 x 5 cm) zu und verstärke sie, falls dein Material nicht fest genug ist. Falte sie wie beim Beutel (Seite 48, Schritt 1) und steppe die Kante bei Bedarf knappkantig ab. Lege die D-Ringe in die Schlaufen. Wenn du aufschraubbare D-Ringe verwendest, kannst du sie auch ganz am Ende anbringen.

10. Schiebe nun die Schlaufen mit der offenen Seite nach außen zwischen die beiden Oberstoffteile. Sie schließen oben mit der Oberkante des Vorderteils ab. Die Schlaufen am besten mit ein paar Handstichen fixieren. Bei Bedarf innerhalb der Nahtzugabe heften.

11. Lege das Futterstoff-Rückteil auf die drei Schichten und nähe alles vorsichtig zusammen. Lasse am oberen Rand eine Wendeöffnung! Kürze die Nahtzugaben.

12. Wende die Tasche durch die Öffnung und forme die Naht sorgfältig aus. Die Nahtzugaben der Wendeöffnung nach innen falten, wenn möglich bügeln. Die Öffnung mit Matratzenstich schließen – siehe Seite 40, Schritt 11 – und die Taschenklappe knappkantig absteppen. Nähe das Gegenstück des Magnetverschlusses an und befestige eine Taschenkette an den D-Ringen.

Variante

Verpasse deiner Tasche wechselnde Taschenriemen. Eine Anleitung für diesen Taschenriemen findest du auf Seite 51.

EDLER KORK-SHOPPER

Dieser Shopper ist nicht nur im Alltag ein superpraktisches Raumwunder. Aus nachhaltigem Kork als Lederersatz ist er ideal für Einkäufe, Büro und Freizeit.

MATERIAL

- 90 x 50 cm oder 45 x 100 cm Korkstoff (Oberstoff)
- 60 cm gewebte Baumwolle (Futterstoff)
- 10 x 50 cm SnapPap oder 50 cm Gurtband, 40 mm breit
- Denim-Garn

ZUSCHNITT

Die Schnittteile enthalten 1 cm Nahtzugabe und 2 cm Saumzugabe.

- Shopper Taschenteil: je 2x im Stoffbruch aus Oberstoff und Futterstoff (SB 1)
- Shopper Innentasche: 1x aus Futterstoff (SB 1)

DU LERNST

Origami-Ecke arbeiten
Innentasche aufnähen
3D-Ecken abnähen
Riemen nähen
Wendeöffnung mit der Maschine schließen
Korkstoff vernähen

VARIANTE

Wenn du zum Üben einen günstigeren Stoff verwenden möchtest, wähle Kunstleder oder Canvas, den du gegebenenfalls mit Einlage (S 320) verstärken kannst. Als Riemen eignet sich auch fertiges Gurtband in 4 cm Breite.

TIPP

Wenn du Material sparen möchtest, kannst du 15 cm vom unteren Rand eine horizontale Trennungslinie einfügen und nur den unteren Teil aus Kork nähen. Vergiss nicht, an der Linie jeweils eine Nahtzugabe hinzuzufügen!

TIPP

Im Materiallexikon auf
Seite 102 findest du Tipps
zum Thema Kork.

SO GEHT'S

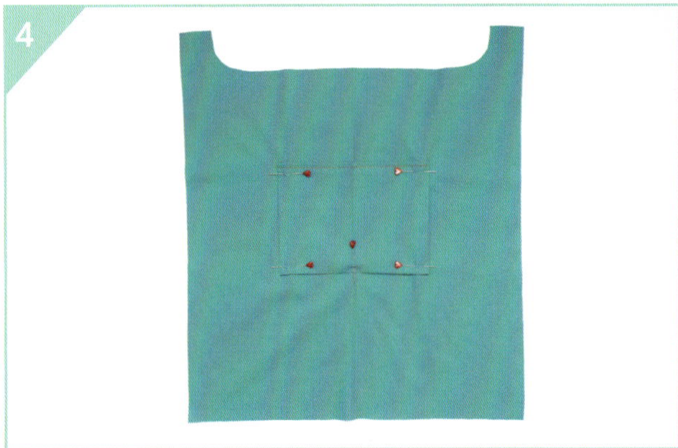

1. Die untere Naht der Außentasche schließen: Lege beide Taschenteile aus Außenstoff rechts auf rechts aufeinander. Stecke und nähe die untere Kante zusammen.

2. Lasse die beiden Taschenteile rechts auf rechts liegen und falte die zuletzt genähte Naht an den beiden Faltkanten wie auf dem Bild zu sehen 5 cm nach innen, um eine Origami-Ecke zu nähen.

3. Stecke und nähe die beiden Seitenkanten zusammen. Arbeite an der oberen Kante exakt, damit sich dein Riemen später perfekt annähen lässt. Nähe an der unteren Kante sorgfältig, da hier viele Schichten übereinanderliegen. Wende die Außentasche vorsichtig und forme die Origami-Ecke mit den Fingern leicht aus.

4. Bügle die Nahtzugaben der Innentasche nach innen, schlage die Oberkante doppelt nach innen (je 1 cm) und steppe sie ab (siehe auch Seite 54, Schritt 2). Stecke und steppe die Innentasche links auf rechts gemäß der Markierung an eines der beiden Futterteile. Nähe dabei erst eine Seite, dann die Unterkante und zuletzt die zweite Seite. Am besten sicherst du Nahtanfang und -ende mit einem kleinen Dreieck oder einem Riegel.

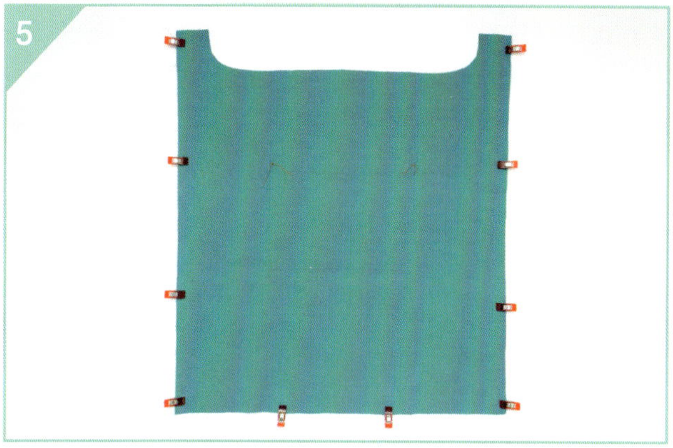

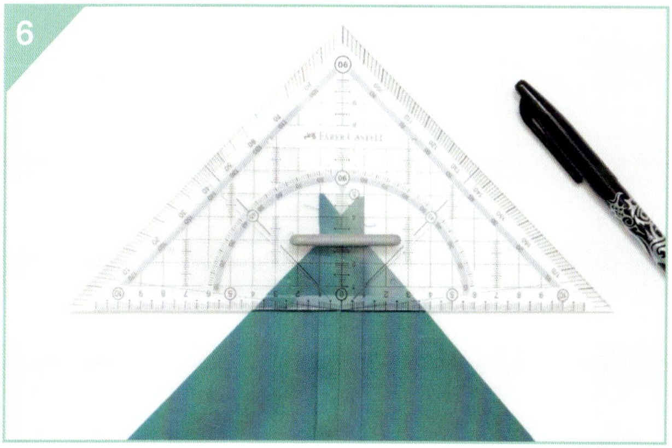

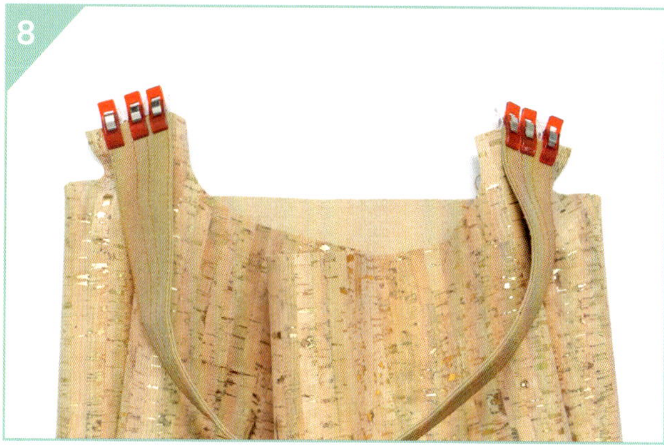

5. Die Futtertasche wird ohne Origami-Ecke genäht. Lege beide Taschenteile aus Futterstoff rechts auf rechts aufeinander. Stecke und nähe die untere und die beiden seitlichen Kanten zusammen. Lasse in der Mitte der unteren Kante je nach Materialdicke eine Wendeöffnung von 15–20 cm.

6. Die Ecke der Futtertasche wird wie die 3D-Ecke beim Kissen auf Seite 34 (Schritt 12) abgenäht: Zeichne eine Linie im Abstand von 4 cm ein, steppe die Linie ab und schneide bei Bedarf den Stoff bis auf 1 cm zurück. Bei dünnerem Material musst du nicht zurückschneiden.

7. Falte für den Riemen dein Rechteck aus SnapPap zuerst der Länge nach zur Hälfte und falte anschließend die Nahtzugaben 1 cm nach innen. Bügle die Kanten am besten glatt. Steppe knappkantig zuerst beide Außenkanten ab und nähe weitere Steppnähte auf den Riemen. Ein robustes Denim-Garn macht sich bei diesem Projekt besonders gut. Wenn du fertiges Gurtband nutzt, kannst du diesen Schritt überspringen.

8. Stecke den vorbereiteten Riemen mittig rechts auf rechts an die oberen, geraden Enden der Außentasche. Falte die Nahtzugaben der Außentasche aus Kork auseinander. Die Riemen zeigen dabei nach unten und dürfen nicht verdreht angesteckt werden. Steppe den Riemen an beiden Seiten innerhalb der Nahtzugabe fest, um ihn zu sichern. Diese Naht ist später nicht sichtbar.

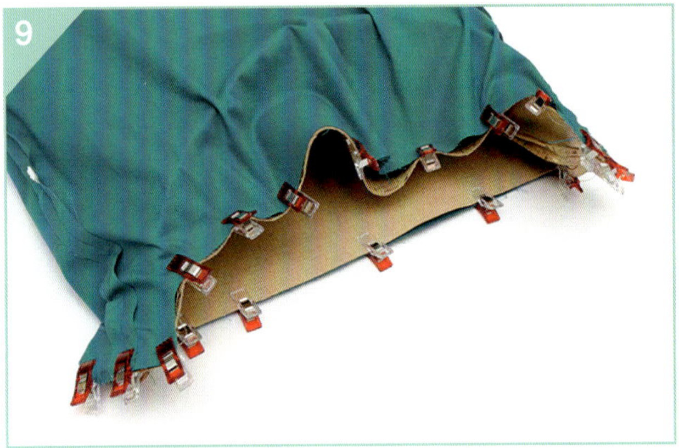

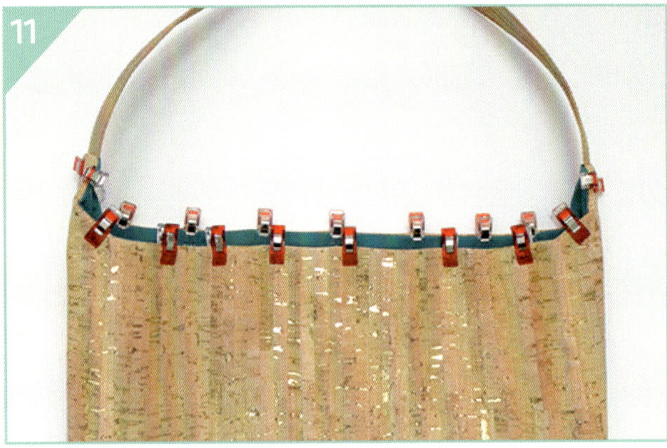

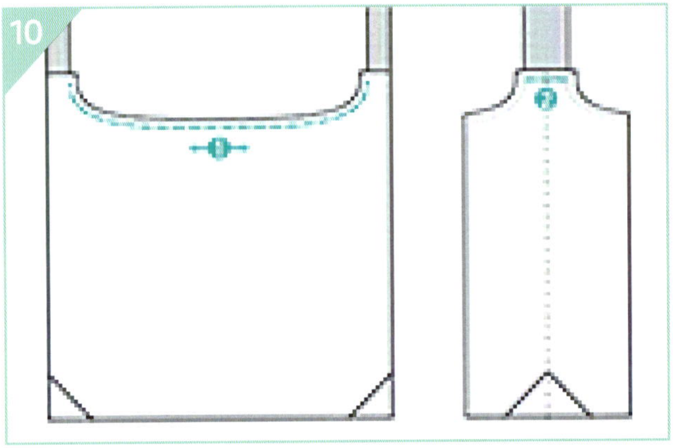

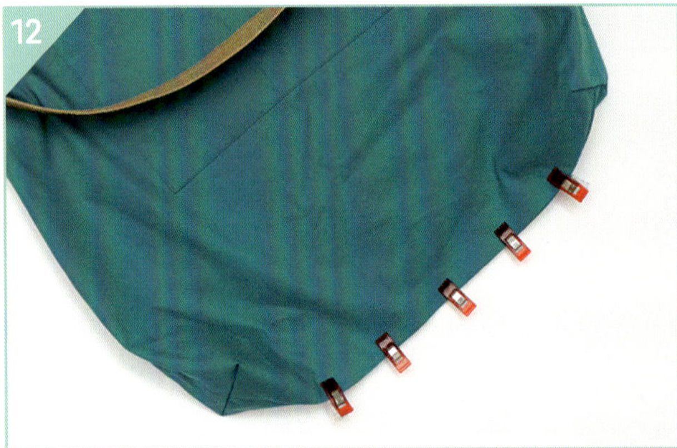

9. Schiebe die Außentasche rechts auf rechts in die Futtertasche und stecke beide Taschen an der oberen Kante rundherum zusammen. Der Riemen zeigt dabei nach innen und liegt zwischen einer Außen- und einer Futtertaschenhälfte. Schiebe den Riemen so weit wie möglich von der Kante weg, damit du ihn später nicht aus Versehen erfasst.

10. Nähe beim Zusammensteppen der Taschen zuerst die beiden U-förmigen Rundungen bis an den Riemen heran, ohne ihn zu erfassen. Steppe zum Schluss eine horizontale Naht auf den Riemen und achte darauf, dass sich der Riemen nicht verschiebt. Sichere diese Naht, indem du innerhalb der Nahtzugabe erneut quer nähst. Arbeite das andere Riemenende genauso.

11. Kürze die Nahtzugabe und schneide sie an den Rundungen bis kurz vor die Naht ein, damit sich die Kante besser ausformen lässt. Wende die Tasche und forme die verstürzte Kante aus. Steppe die Kante mit langer Stichlänge und Denim-Garn ab. Verwende bei dicken Lagen und schwierig zu verarbeitenden Stoffen am besten einen Obertransportfuß und arbeite in den Ecken besonders sorgfältig.

12. Schließe die Wendeöffnung in der Futtertasche mit einem knappkantigen Geradstich. Da diese Naht später nicht zu sehen sein wird, lohnt es sich nicht, sie mit einem Matratzenstich per Hand zu schließen.

VARIANTE

Falls du deinen Shopper quer über der Schulter tragen möchtest, solltest du den Riemen 20 cm länger zuschneiden, damit er sich bequem über den Kopf ziehen lässt.

XXL-FRANSENTUCH

Ein kuscheliges Tuch aus Flanell ist nicht nur praktisch, sondern auch superschnell genäht. In der XXL-Variante bietet es dir an kalten Wintertagen eine wärmende Extraschicht.

MATERIAL

- 220 cm Flanell
- 3 m Fransenborte
- evtl. Kantenfuß

DU LERNST

schmal (doppelt) säumen
versäubern
mit Fransenborte säumen

ZUSCHNITT

Das Schnittteil enthält 1 cm Nahtzugabe für die Fransenborte und 2 cm Saumzugabe.

- Für das Tuch wird ein Rechteck aus Flanell zugeschnitten: 220 x 100–140 cm

VARIANTE

Im Sommer kannst du dir einen Pareo aus Baumwoll-Voile oder ein quadratisches Seidentuch nähen. Hier genügen 180 x 100 cm oder 140 x 140 cm. Bei der quadratischen Variante empfehle ich dir, das Tuch rundherum schmal zu säumen.

TIPP

Die volle Stoffbreite von 138 cm sorgt hier für einen besonderen Kuschelfaktor; daher eignet sich das Tuch zusätzlich auch als Kuscheldecke. Achte bei der Wahl von Material und Breite darauf, dass dein fertiges Tuch nicht zu voluminös und schwer wird.

SO GEHT'S

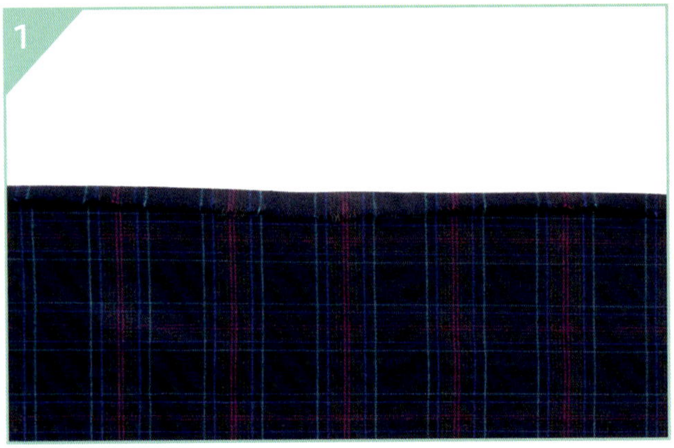

1. Wenn du die volle Stoffbreite nutzt, kannst du die Webkante ungesäumt und unversäubert lassen. Schlage ansonsten für einen schmalen, doppelten Umschlagsaum die langen Kanten gleichmäßig 1 cm zur linken Seite hin und bügle die Faltkanten sorgfältig.

2. Klappe die beiden Säume erneut 1 cm zur linken Seite hin um und bügle sie flach. Die Schnittkante (oder Webkante) liegt nun innen versteckt. Steppe den Saum von links mit einem Abstand von etwa 8 mm mit einem Geradstich ab. Verriegle dabei Nahtanfang und -ende. Bügle den Saum zum Abschluss schön flach und arbeite die gegenüberliegende lange Seite genauso.

3. Versäubere die beiden kurzen Seiten mit einem Zickzackstick (oder deiner Overlockmaschine). Beim Versäubern mit der Nähmaschine sticht die Nadel dabei abwechselnd links in den Stoff und rechts knapp neben die Kante. So wird verhindert, dass die Stoffkante später ausfranst.

4. Lege nun das Fransenband auf die rechte Seite der versäuberten Kante und stecke es fest. Die Fransen zeigen dabei zum Stoff hin und die schönere Seite zeigt nach oben. Wenn die Borte die Stoffkante dabei leicht überragt, sieht es später professioneller aus. Lasse die beiden Enden an den Seiten ca. 1 cm herausragen und klappe die überstehenden Enden zur linken Seite hin.

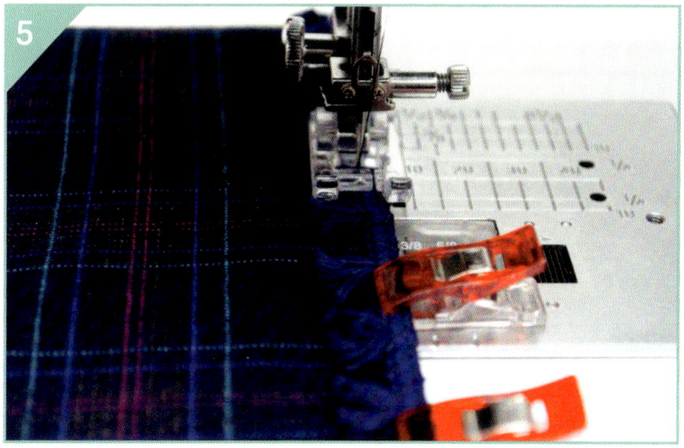

5. Steppe die Fransenborte knappkantig an der Fransenseite mit einem Geradstich auf. Am leichtesten geht das mit einem Kantenfüßchen, aber auch der Standardfuß funktioniert gut, wenn du langsam nähst.

6. Klappe die angenähte Borte komplett zur linken Seite hin und stecke sie fest. Steppe die Borte von der linken Seite knappkantig fest. Die Nahtlinie verläuft an der bisher nicht angenähten Seite der Borte. Auch hier ist ein Kantenfuß hilfreich. Arbeite die andere kurze Seite genauso.

VARIANTE

Das Tuch kannst du nicht nur als klassische Schlaufe tragen. Elegant wirkt das Tuch, wenn du es schmal um deinen Hals legst und die Enden lang herunterhängen lässt. Ein Gürtel bringt alles in Form. Oder versuche es mit dem romantischen Cardigan-Style von Seite 69!

GRÖSSE 34-44

TAILLENGÜRTEL AUS KUNSTLEDER

Das modische Accessoire zaubert eine tolle Taille und hält Kleidungsstücke an der richtigen Stelle. Wähle für den Gürtel zum Binden eine dunkle Farbe für einen noch stärkeren Sanduhr-Effekt!

MATERIAL

- 60 x 40 cm Kunstleder, max. 1 mm dick
- 2 D-Ringe, 25 mm
- Wonder Tape/Textilkleber
- evtl. Teflonfuß/Masking Tape

DU LERNST

Rundungen nähen und absteppen
verstürzen
viele Schichten nähen
Kunstleder verarbeiten

ZUSCHNITT

Die Schnittteile enthalten 1 cm Nahtzugabe. Wähle deine Größe nach deinem Taillenumfang auf Seite 16.

- Gürtel Hauptteil: 2x im Stoffbruch aus Kunstleder (SB 2)
- Gürtel Bandstreifen: 1x im Stoffbruch aus Kunstleder (SB 2)
- Für die Riemen werden **zwei** Recktecke aus Kunstleder zugeschnitten: 60 x 4 cm

VARIANTE

Besonders edel wirkt der Gürtel aus Korkstoff. Auch hier solltest du keine Stecknadeln nutzen. Wenn du den Gürtel aus Webware (Canvas, Popeline, Satin etc.) nähst, musst du die Gürtel-Schnittteile eventuell mit Einlage verstärken.

Tipp

Trage den Gürtel im Cardigan-Style mit dem Tuch von Seite 64. Dein Outfit funktioniert aber auch mit einem Kleid (z. B. das von Seite 96) sehr gut.

SO GEHT'S

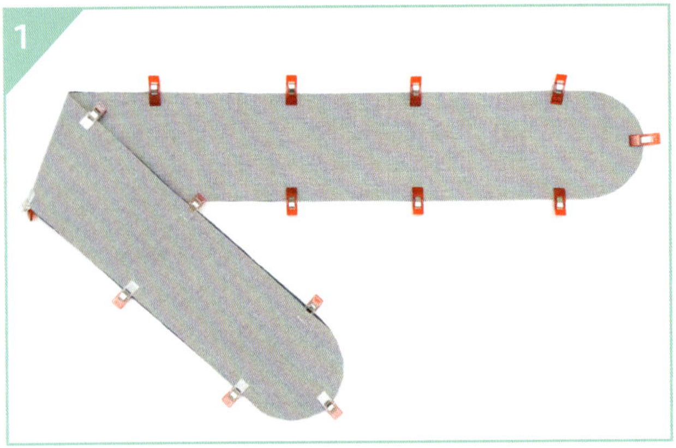

1

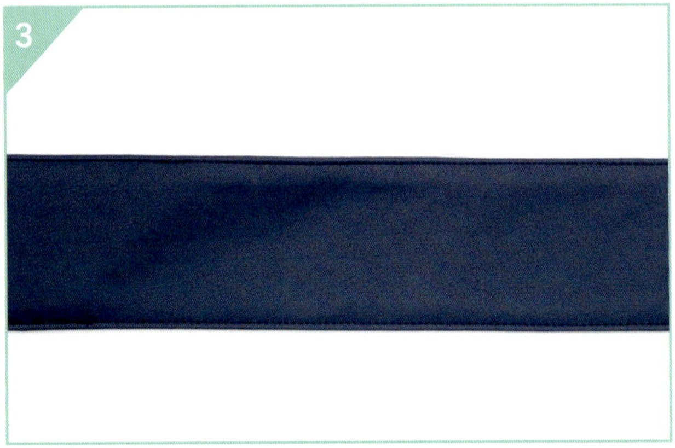

3

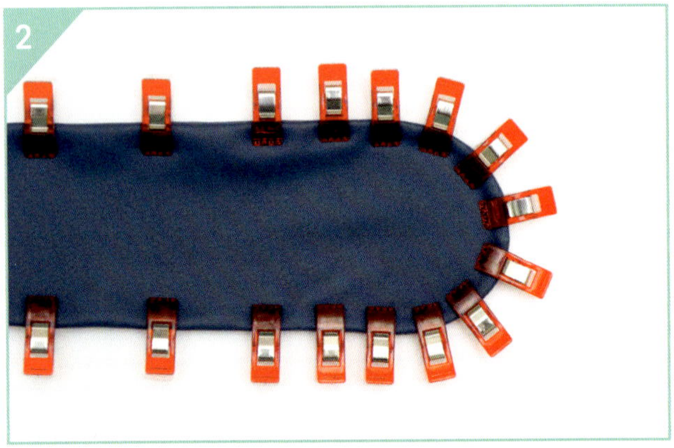

2

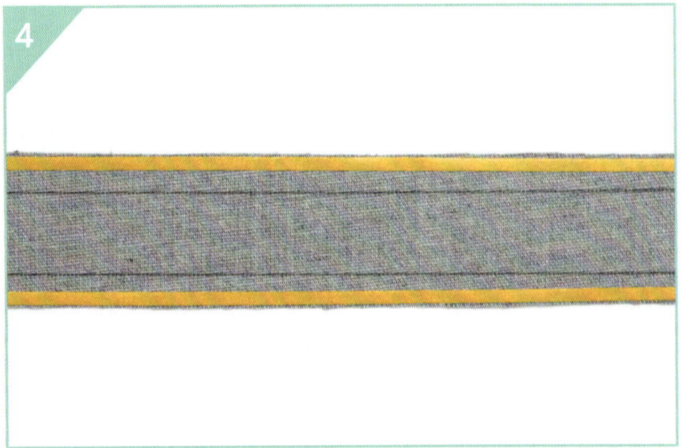

4

1. Lege beide Gürtel-Hauptteile rechts auf rechts aufeinander und stecke sie mit Wonder Clips zusammen. Wenn du Stecknadeln nutzt, achte darauf, nur innerhalb der Nahtzugabe einzustechen, damit keine später sichtbaren Löcher entstehen. Nähe alles rundherum zusammen (Stichlänge 3–4 mm). Lasse am unteren Rand eine Wendeöffnung von ca. 10 cm.

2. Schneide die Nahtzugabe an den Rundungen knapp ab (3 mm), ohne dabei die Naht zu verletzen. Wende den Gürtel und forme die Kanten aus. Du kannst auch von außen mit einer Nadelspitze punktuell unter die Naht gehen und sie nach außen ziehen, um so die verstürzte Kante sauberer auszuformen. Fixiere die Kante inklusive der Wendeöffnung mit Wonder Clips.

3. Steppe den Gürtel rundherum knappkantig und sehr sorgfältig ab. Je nach Material hilft dir ein Teflonfuß beim Transport. Die Wendeöffnung wird dabei automatisch geschlossen.

4. Zeichne auf der Rückseite des Bandstreifens am besten die Nahtzugabe (1 cm) ein. Klebe Wonder Tape auf die beiden langen Außenkanten. Achte darauf, dass das Tape weit genug von der späteren Stepplinie entfernt ist, damit deine Nähnadel nicht verklebt.

5
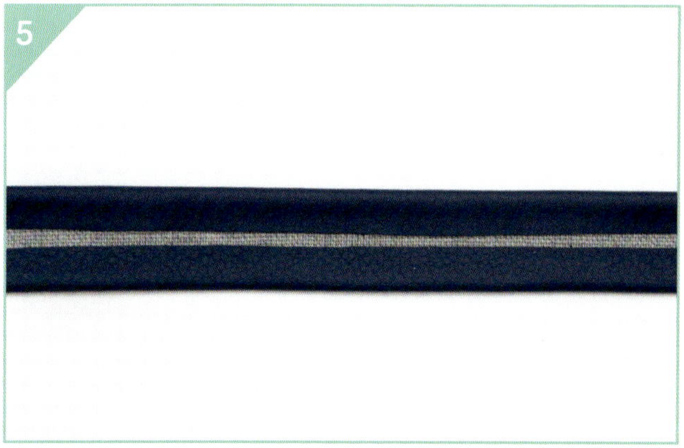

7
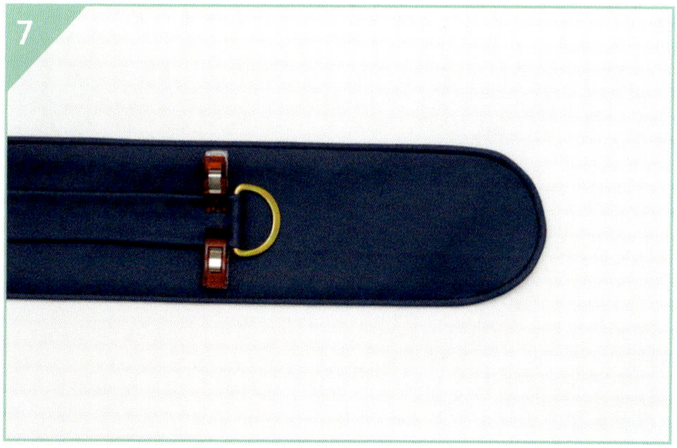

6
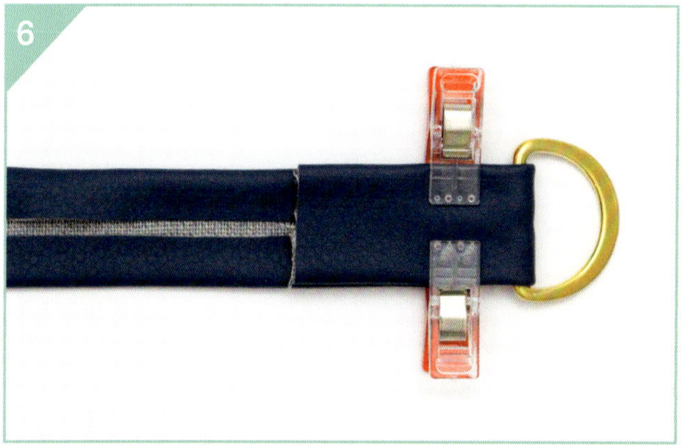

8
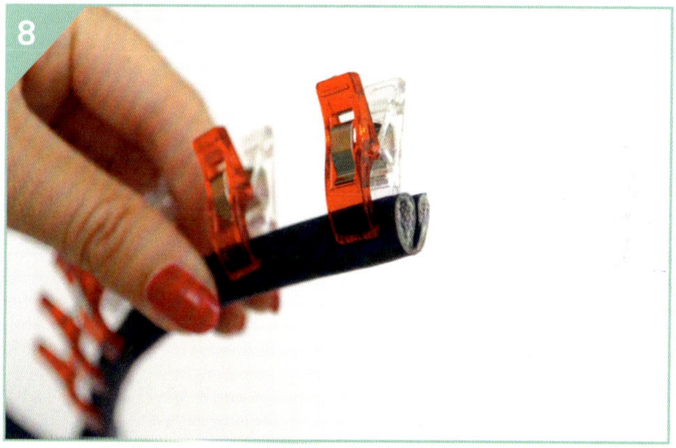

5. Ziehe die Wonder-Tape-Trägerfolie ab und falte die Nahtzugaben an der Linie entlang nach innen. Drücke die Nahtzugabe gut fest. Wenn du kein Wonder Tape hast, kannst du die Kante auch mit Textilkleber fixieren. Dieser muss vor dem Nähen aber erst trocknen. Material, das sich bügeln lässt, wird einfach flachgebügelt.

6. Schlage die beiden Enden des Bandstreifens jeweils 5 cm nach innen. Fädle in jede Endschlaufe einen D-Ring und fixiere die Enden mit Wonder Clips.

7. Lege den Bandstreifen mittig auf den Gürtel und fixiere ihn mit Wonder Tape. Steppe den Streifen knappkantig ab. Nähe nur ca. 3 cm an die D-Ringe heran.

8. Bereite zwei Riemen zum Binden aus Kunstleder vor: Falte die Nahtzugaben wie beim Bandstreifen an den beiden langen Kanten nach innen und falte anschließend das Bindeband erneut der Länge nach. Klammere und steppe die offene, lange Seite ab. Vergiss nicht, Nahtanfang und -ende zu verriegeln. Fädle durch jeden der beiden D-Ringe ein Band und nähe es am besten mir ein paar Handstiche fest. Lasse die offenen Enden unverarbeitet.

GRÖSSE 48-68

BOMMELMÜTZE MIT UMSCHLAG

Die Mütze aus Jacquardjersey wird mit Umschlag genäht, sodass die Ohren schön warm bleiben. Mit der Bommel aus Fellimitat und coolem Patch wird das Teil zu deiner neuen Lieblingsmütze – eine Mütze eignet sich auch super als Geschenk!

MATERIAL

- 30 cm Jacquardjersey (Oberstoff)
- 30 cm Jersey als Futter (Futterstoff)
- SnapPap
- Fellimitatbommel
- Jerseynadel
- Sticknadel und Stickgarn

ZUSCHNITT

Alle Schnittteile mit 1 cm Nahtzugabe zuschneiden.

- Mütze Hauptteil: je 1x im Stoffbruch aus Oberstoff und Futterstoff (SB 2)
- Mütze Umschlag: 1x im Stoffbruch aus Oberstoff (SB 2)

Achtung:
Vergiss nicht, an allen Kanten rundherum 1 cm Nahtzugabe hinzuzufügen!

DU LERNST

Rundungen nähen
Umschlag arbeiten
Label aufnähen
mit Jersey nähen

VARIANTE

Du möchtest deine Mütze für die Übergangszeit lieber ungefüttert nähen? In Step 3 steht, wie es geht. Du brauchst dann natürlich keinen Jersey für innen und kannst eventuell eine Nummer kleiner nähen.

TIPP

Wichtige Tipps zum Nähen von Jersey findest du auf Seite 14. Ein Tutorial für eine DIY-Fellbommel gibt es auf Seite 76.

SO GEHT'S

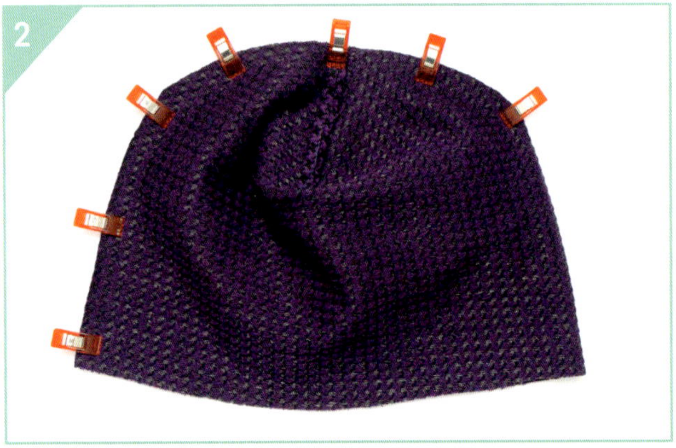

1. Falte je ein Mützenviertel rechts auf rechts zur vorderen Mitte, stecke und nähe die beiden äußeren Rundungen mit einem elastischen Stich und einer Jerseynadel zusammen. Beginne an der Mützenspitze mit deiner Naht und lasse die Kurve am Ende sanft auslaufen. Verknote die Fadenenden.

2. Lege die Mütze rechts auf rechts aufeinander und stecke die Oberkante und die hintere Mitte zusammen. Klappe an der Nahtkreuzung die Nahtzugaben auseinander, damit nicht zu viele Schichten aufeinander liegen. Nähe die Naht mit einem elastischen Stich. Die Futtermütze aus Jersey wird genauso gearbeitet.

3. Schiebe die Futtermütze links auf links in die Mütze und stecke die untere Kante zusammen. Die beiden Nähte treffen dabei jeweils aufeinander. Damit du später alle Schichten erwischst, kannst du die Kante rundherum zusammenheften. Bei einer ungefütterten Mütze wird die Futtermütze einfach weggelassen, und die Nähte bleiben innen sichtbar.

4. Falte den Umschlag parallel zum Fadenlauf rechts auf rechts und stecke ihn an der kurzen Seite zusammen. Jetzt kannst du den Umschlag mit einem elastischen Stich zum Ring schließen. Bügle die Nahtzugaben auseinander, damit später alles schön flach liegt.

5. Falte anschließend den Ring in der Höhe links auf links zur Hälfte und schiebe den Umschlag in die Mütze. Alle offenen Kanten liegen jetzt aufeinander, und die Naht des Umschlags trifft dabei auf die Naht der Mütze. Stecke und nähe den Umschlag mit einem elastischen Stich ungedehnt an. Am besten liegt der Umschlag beim Nähen oben.

6. Klappe den Umschlag nach unten und bügle die Nahtzugaben in die gleiche Richtung. Am einfachsten geht das, wenn du die Mütze über dein Bügelbrettende ziehst. Wenn du den Umschlag anschließend nach außen klappst, kannst du die verstürzte Kante besser ausformen und ausbügeln.

7. Nähe vorne, seitlich versetzt ein Label auf. Mit SnapPap und einem Stanzer kannst du deiner Mütze ganz leicht einen individuellen Look verpassen.

8. Befestige eine Bommel an deine Mütze. Am besten nutzt du dafür Stickgarn und bindest im Inneren der Mütze eine Schleife mit Doppelknoten. So lässt sich der Fellpopmpon einfach entfernen, wenn du die Mütze waschen möchtest. Ein Tutorial zum DIY-Fellpompon findest du auf der nächsten Seite.

TUTORIAL

DIY-FELLPOMPON

Dieser Fellbommel ist extraschnell gemacht und braucht noch nicht mal eine Nähmaschine. Nähe ihn an Mützen oder bastle aus einer kleineren Größe einen Schlüsselanhänger.

MATERIAL

- 15 x 15 cm langfloriges Fellimitat
- Stickgarn
- Füllwatte
- Zirkel oder runde Schale, 14 cm Ø
- Stickschere oder kleine spitze Schere
- Handnähnadel mit großem Öhr

1. Zeichne mit Hilfe eines runden Gegenstands einen Kreis von ca. 14 cm Durchmesser auf die Rückseite deines Fellimitats. Die Größe des fertigen Pompons richtet sich auch danach, wie langflorig dein Material ist.

2. Den Kreis mit einer kleinen, spitzen Schere ausschneiden. Dabei in ganz kleinen Schrittchen und nah am Trägermaterial schneiden, damit der Flor nicht verletzt wird.

3. Mit einem Steppstich per Hand nah am Rand einmal um den Kreis herumnähen (Stichlänge ca. 1 cm). Nahtanfang und Nahtende befinden sich auf der rechten Seite des Materials, damit du später besser zuziehen kannst. Verwende ein reißfestes Garn!

4. Ziehe vorsichtig an beiden Enden des Garns, sodass der Pompon eine kugelige Form erhält. Dabei nicht ganz zusammenziehen und Füllwatte in die Mulde stecken, um die Kugel etwas auszuformen.

5. Jetzt kannst du das Garn so weit wie möglich fest zusammenziehen und miteinander verknoten. Achte darauf, dass du keinen Flor mit einknotest. Schließe die verbleibende Öffnung mit einem Handstich quer über die Öffnung und verknote die Fäden erneut. Lasse die Fäden stehen, um den Fellpompon an Mütze oder Schlüsselring zu befestigen. Übrigens, für eine Mütze kannst du die Bommel auch auf eine Broschennadel nähen. Das ist besonders praktisch, wenn der Bommel abgenommen werden soll, damit die Mütze gewaschen werden kann.

SO GEHT'S

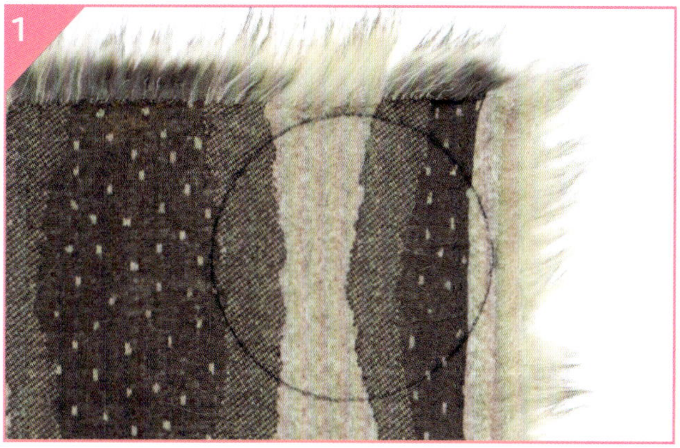

GRÖSSE 35/36-43/44

JERSEY-SÖCKCHEN

Söckchen sind perfekt für erste Nähversuche mit Jersey. Selbst mit Jerseyresten hat man schnell ein ungewöhnliches Geschenk parat. Man muss sich an die innenliegenden Nähte erst gewöhnen, aber dann hat man passende Socken zum selbst genähten Outfit.

MATERIAL

- 20 cm Stretchjersey
- Jerseynadel

DU LERNST

Bündchen annähen
Nahtzugaben auseinanderbügeln
mit Jersey nähen

ZUSCHNITT

Alle Schnittteile mit 1 cm Nahtzugabe zuschneiden. Wähle die Größe nach deiner Schuhgröße.

- Söckchen Vorderteil: 2x aus Stretchjersey (SB 2)
- Söckchen Rückteil: 2x aus Stretchjersey (SB 2)
- Söckchen Bund: 2x aus Stretchjersey (SB 2)

Achtung:
Vergiss nicht, an allen Kanten rundherum 1 cm Nahtzugabe hinzuzufügen!

Tipp

Wähle auch für den Söckchenbund Stretchjersey, da Bündchenware zu dick auftragen könnte. A propos Jersey: Auf Seite 14 findest du jede Menge hilfreiche Tipps.

SO GEHT'S

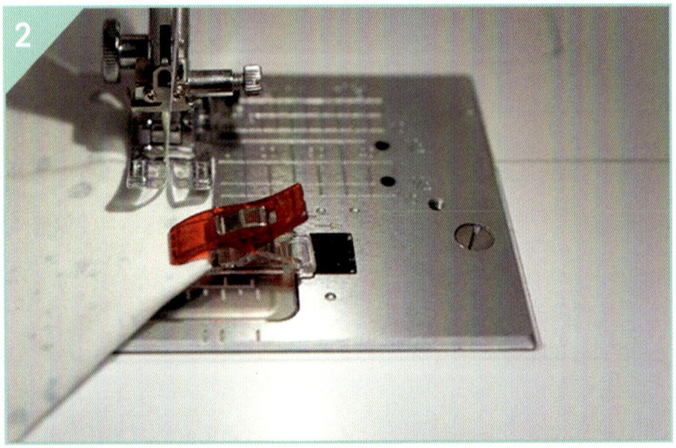

1. Klappe die gerade Kante des Rückteils rechts auf rechts nach unten, sodass die schrägen Fersenkanten aufeinanderliegen, und stecke sie zusammen.

2. Steppe die Kanten jeweils mit einem elastischen, nicht zu breiten Stich ab. Am besten wählst du einen schmalen Zickzachstich. Halte am Nahtanfang die beiden Nähfäden hinter dem Nähfüßchen fest, damit dein Stoff nicht in die Stichplatte gezogen wird.

3. Wenn du die Nahtzugaben auseinanderbügelst, ist das Söckchen später angenehmer zu tragen. Das Fersenende wird dabei flachgebügelt.

4. Lege das Rückteil auf das Vorderteil und stecke alles bis auf die obere Kante zusammen. Nähe beide Teile mit einem elastischen Stich zusammen.

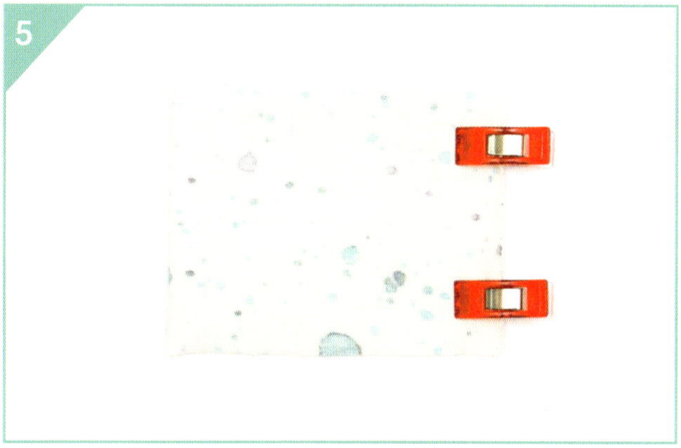

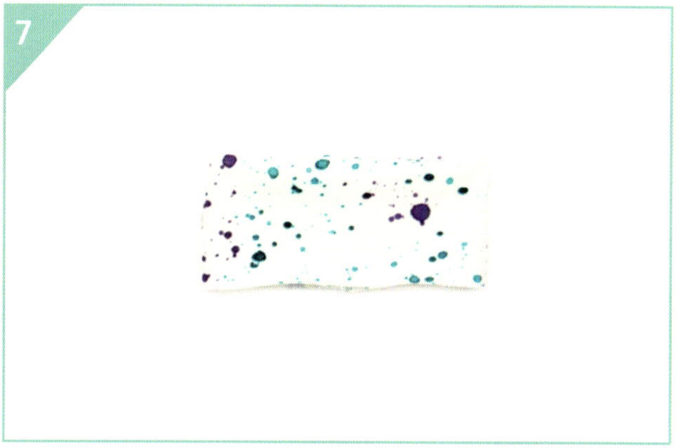

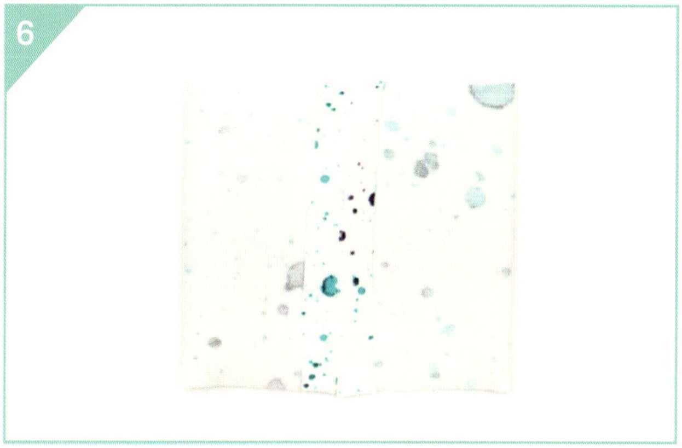

5. Der Söckchenbund wird wie ein Ärmelbündchen an einem Shirt oder Pulli gearbeitet: Falte den Bund parallel zum Fadenlauf rechts auf rechts und stecke ihn an der kurzen Seite zusammen. Jetzt kannst du den Bund mit einer elastischen Naht zum Ring schließen.

6. Wenn du die Nahtzugaben auseinanderbügelst, liegt der Bund schön flach und ist angenehmer zu tragen.

7. Falte den Ring in der Höhe links auf links zur Hälfte und markiere die Viertel.

8. Schiebe den Bund mit der offenen Kante nach oben in das auf links gewendete Söckchen. Die Naht des Bunds trifft dabei auf die hintere Mitte, damit du später zwei gleiche Söckchen hast. Stecke den Bund fest und nähe ihn mit einem elastischen Stich leicht gedehnt an. Dehne beim Nähen nur den Bund und nicht das Söckchen. Das zweite Söckchen genauso nähen.

LUFTIGES BLUSENSHIRT

Eine Bluse muss kein aufwändiges Projekt sein. Auch eine Shirtbluse kann elegant wirken und ist mit angeschnittenen Ärmeln recht einfach zu nähen. Wähle immer einen fließenden Stoff, da sich der Fall auf dein Kleidungsstück auswirkt.

MATERIAL

- 140 cm Voile oder Batist
- 1 m Schrägband, 38 mm breit
- evtl. Formband zum Aufbügeln

DU LERNST

säumen
Schrägbandbeleg arbeiten
feine Stoffe verarbeiten

ZUSCHNITT

Alle Schnittteile mit 1 cm Nahtzugabe zuschneiden. Verwende als Nahtzugabe für den Ausschnitt 1/4 deiner Schrägbandbreite. Am unteren Saum stattdessen 4 cm hinzugeben.

- Blusenshirt Vorderteil: 1x im Stoffbruch aus Batist (SB 2)
- Blusenshirt Rückteil: 1x im Stoffbruch aus Batist (SB 2)

Achtung:
Bei diesem Schnitt musst du vorher die Naht- und Saumzugaben anzeichnen (siehe Seite 19). Dann kannst du frei wählen, wie du deinen Ausschnitt arbeiten möchtest.

TIPP

Du kannst vor allem bei feinen Stoffen den Belegstreifen diagonal aus dem Hauptstoff zuschneiden. Dann benötigst du etwas mehr Stoff. Wenn du lieber einen Beleg wie beim Kleid auf Seite 96 arbeiten möchtest, kannst du ihn auch selbst ca. 4 cm breit im Schnitt einzeichnen und herauskopieren. Er wird dann wie beim Kleid verarbeitet.

SO GEHT'S

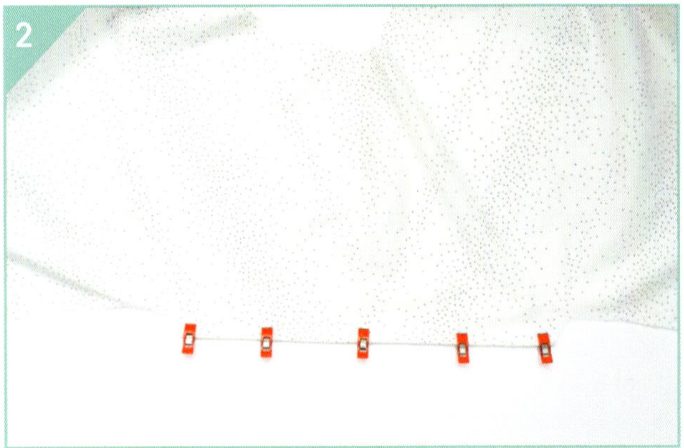

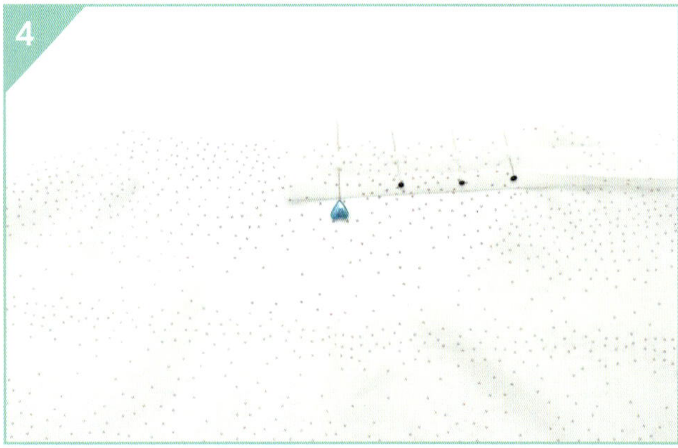

1. Versäubere zuerst Vorder- und Rückteil mit einem Zickzackstich. Die Ausschnittlinie sowie der Saum müssen dabei nicht versäubert werden. Lege das Vorderteil rechts auf rechts auf das Rückteil. Stecke die beiden Schnittteile an den Schultern zusammen. Nähe beide Teile zusammen und bügle die Nahtzugaben zum Rückteil hin. Für einen professionelleren Look kannst du die Schulternähte von rechts absteppen. Nähe eine Applikation wie auf Seite 87 am besten auf, bevor du die Seitennähte schließt.

2. Damit es später nicht so kniffelig wird, kannst du jetzt schon die Ärmel säumen. Dazu wird einfach die Nahtzugabe von 1 cm nach innen gebügelt und knappkantig abgesteppt.

3. Falte das Blusenshirt rechts auf rechts, um die Seitennähte zu schließen. Stecke die Kanten fest und nähe sie auf beiden Seiten zusammen. Bügle die Nahtzugaben zum Rückteil hin und fixiere sie mit ein bis zwei Stichen per Hand.

4. Öffne eine Seite deines Schrägbands und stecke diese Seite an der hinteren Mitte rechts auf rechts fest. Das Schrägband überlappt dabei die hintere Mitte um ca. 3 cm. (Bei diesem Blusenshirt wurde zuvor ein 4 cm breiter Streifen aus dem Hauptstoff diagonal zum Fadenlauf zugeschnitten und passend gebügelt.) Falls du das Gefühl hast, dass dein Ausschnitt sich etwas dehnt, kannst du ihn auch vorher mit Formband bebügeln.

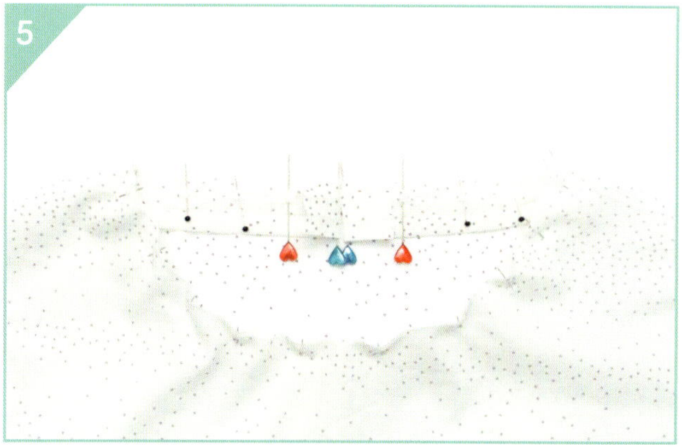

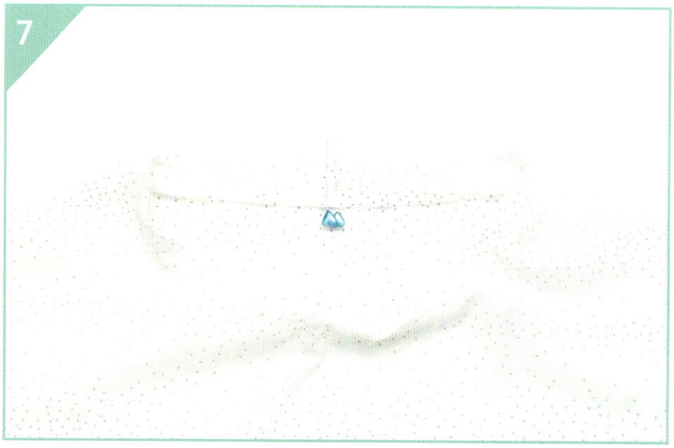

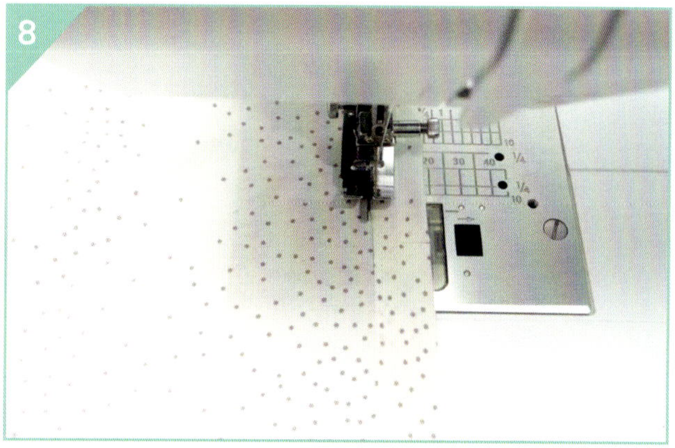

5. Stecke das Schrägband einmal um den Ausschnitt herum bis zur hinteren Mitte fest, ohne Blusenshirt oder Schrägband zu dehnen. Lasse es auch hier 3 cm überstehen. Falte die überstehenden Enden an der hinteren Mitte zur linken Seite hin und markiere die Faltkante. Nähe das Schrägband mit einem Geradstich fest und beachte dabei deine Nahtzugabe. Die Naht beginnt dabei 3 cm nach der hinteren Mitte und endet 3 cm vor der hinteren Mitte.

6. Schließe jetzt dein Schrägband: Stecke die beiden Schrägbandenden an der Faltkante rechts auf rechts aneinander fest und nähe sie quer zusammen. Achte darauf, dein Blusenshirt nicht zu erfassen. Kürze anschließend die Schrägbandenden auf 1 cm und bügle sie auseinander.

7. Das Schrägband wird jetzt auch an der hinteren Mitte an das Blusenshirt angenäht. Schneide die Nahtzugabe zurück, damit sie später flacher anliegt.

8. Wende das Blusenshirt auf rechts. Klappe das Schrägband nach oben und bügle die Nahtzugabe in dieselbe Richtung. Besonders sauber wird die Verarbeitung, wenn du jetzt von rechts eine Untersteppnaht auf die Nahtzugabe setzt. Diese ist später nur von innen zu sehen.

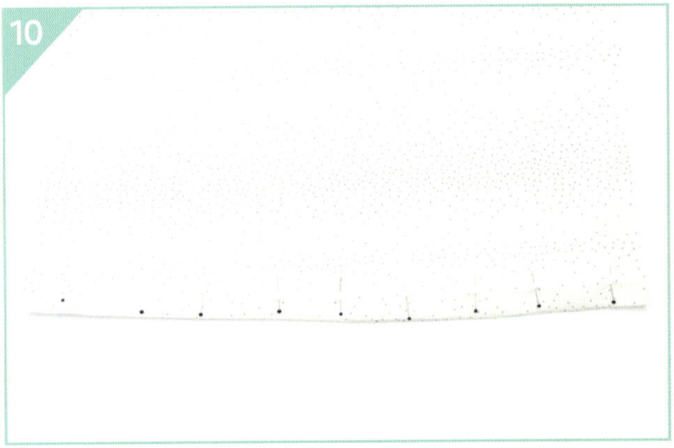

9. Dehne jetzt auf alle Fälle dein Schrägband, damit es die benötigte Länge für die Rundungen bekommt. Klappe das Schrägband um den Ausschnitt nach innen, bügle es und stecke es fest. Damit es nicht aus dem Ausschnitt herausklappen kann, wird es jetzt ca. 1,5 cm vom Ausschnitt entfernt festgesteppt.

10. Schlage die Saumkante doppelt ein, erst 1 cm, dann 3 cm. Bügle den Saum und steppe ihn von rechts mit einem Abstand von 2,5 cm ab. Am besten bügelst du am Ende erneut über den Saum.

VARIANTE

Du kannst das Blusenshirt auch aus Jersey nähen. Verwende dann kein Schrägband für den Ausschnitt, sondern einen Streifen aus Jersey. Bei sehr dehnbaren Jerseystoffen kannst du den Streifen minimal gedehnt annähen. Die Verarbeitung erfolgt auf die gleiche Weise und verleiht auch einem Jerseyshirt das gewisse Etwas.

TIPP

Schrägband bekommt seine Dehnbarkeit durch den diagonalen Fadenlauf. Jerseystoffe haben ihre maximale Elastizität parallel zum Fadenlauf. Ein Jerseystreifen wird daher in geradem Fadenlauf zugeschnitten. Lies dir auch auf Seite 14 die Tipps für die Jerseyverarbeitung durch.

ELEGANTER TÜLLROCK

Dieser Tellerrock besteht aus zwei Lagen Tüll und einem kurzen Futterrock, damit er auf alle Fälle blickdicht ist. Nähe den Tüllrock für einen eleganten Look am besten aus weichem Tüll und in einer dunklen Farbe.

MATERIAL

- 2x: 150 x 150 cm weichen Tüll (Oberstoff)
- 50 cm Viskosejersey (Futterstoff)
- 1 m dekoratives Gummiband, 40 mm breit
- Universalnadel und Jerseynadel

ZUSCHNITT

Den Tellerrock am Bund mit 1 cm Nahtzugabe zuschneiden. Das angegebene Rechteck des Futterrocks enthält bereits 1 cm Nahtzugabe und 3 cm Saumzugabe.

- Tellerrock: 2x im doppelten Stoffbruch aus Oberstoff, siehe Schritt 1 (SB 1, Papierschnittteile an Kleblinie zusammenfügen)
- Für den Futterrock wird ein Rechteck aus Futterstoff zugeschnitten:
  Länge: 50 cm, Breite: 93/96/99/102/105/108 cm (Größe 34/36/38/40/42/44)
- Länge Gummiband: Taillenumfang (auf gewünschter Höhe)

DU LERNST

Jersey säumen
Gummiband als Bund annähen
Tüll zuschneiden und vernähen
mit Jersey nähen

TIPP

Du kannst für den Tellerrock auch Webware wie gewebte Viskose benutzen. Bedenke dann aber unbedingt, dass der Tellerrock mit einem schmalen Saum oder einem Rollsaum gesäumt werden muss. Achtung: Bei Tellerröcken ergibt sich ganz schnell eine Saumlänge von über viereinhalb Metern!

TIPP

Du möchtest einen Tellerrock in einer anderen Größe nähen? Dann findest du hier alle Infos: pedilu.com/tellerrock

SO GEHT'S

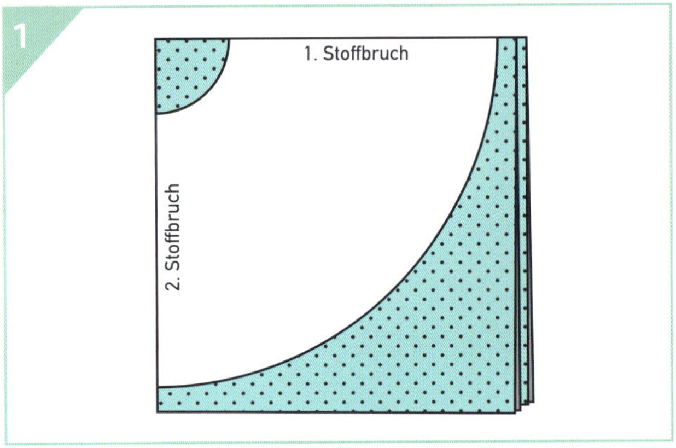

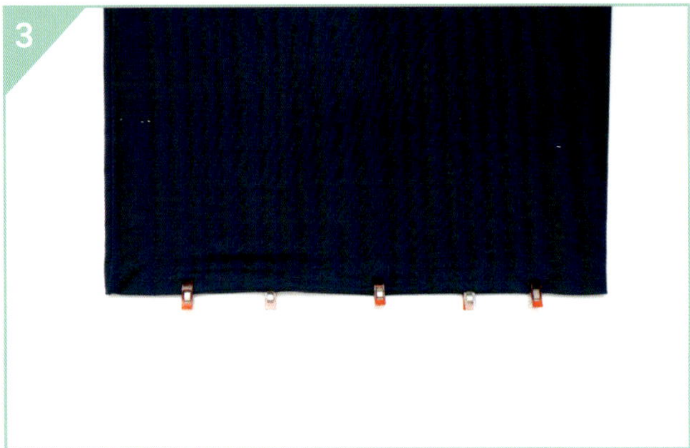

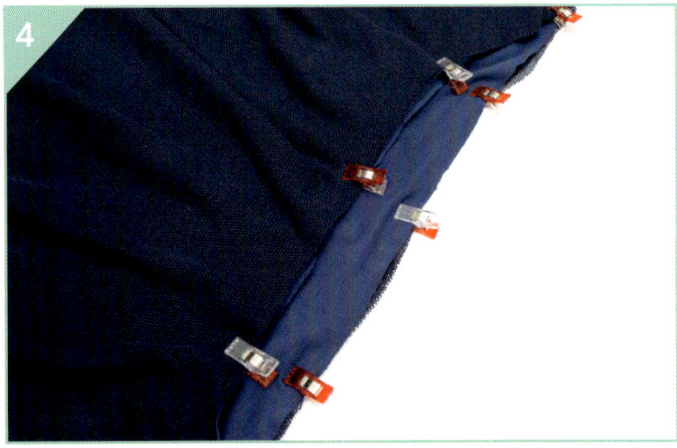

1. Klappe das Tüllquadrat zuerst nach unten dann zur Seite, um mehrere Stoffbrüche zu erhalten. Die offenen Kanten befinden sich rechts und unten. Streiche sorgfältig alle Falten aus dem Tüll. Lege das Schnittteil des Tellerrocks so auf den Tüll, dass die Kanten vom ersten und zweiten Stoffbruch auf den Stoffbrüchen zu liegen kommen. Schneide den Tellerrock aus dem vierlagigen Stoff zu und markiere dir am Bund die Viertel. Schneide auch die zweite Lage so zu.

2. Stecke die beiden kurzen Seiten des Futterrocks rechts auf rechts aufeinander und nähe sie mit einem dehnbaren Stich und einer Jerseynadel zusammen. Halte bei rutschigen Viskosestoffen am Nahtanfang die beiden Nähfäden hinter dem Nähfüßchen fest, damit dein Stoff nicht in die Stichplatte gezogen wird. Achte darauf, dass die Maschine den Stoff führt. Bügle die Nahtzugabe zu einer Seite hin.

3. Schlage die Saumkante des Futterrocks um deine Saumzugabe ein, bügle den Saum und steppe ihn mit einem Zickzackstich ab. Nähe leicht innerhalb deiner Saumzugabe, damit du rundherum beide Schichten triffst. Da Jersey beim Waschen nicht ausfranst, sondern sich lediglich einrollt, kannst du den Futterrock an der Saumkante auch unversäubert lassen.

4. Lege zuerst beide Tellerröcke aus Tüll aufeinander. Stecke beide Röcke am Bund auf die rechte Seite des Futterrocks. Wenn du vorher auch die Viertel auf deinem Futterrock markierst, geht das etwas einfacher. Steppe die drei Schichten sorgfältig innerhalb der Nahtzugabe mit einem Zickzackstich zusammen, damit dir später nichts verrutscht. Überprüfe bei mehrlagigem Tüll immer, ob deine Naht auch alle Schichten erwischt hat.

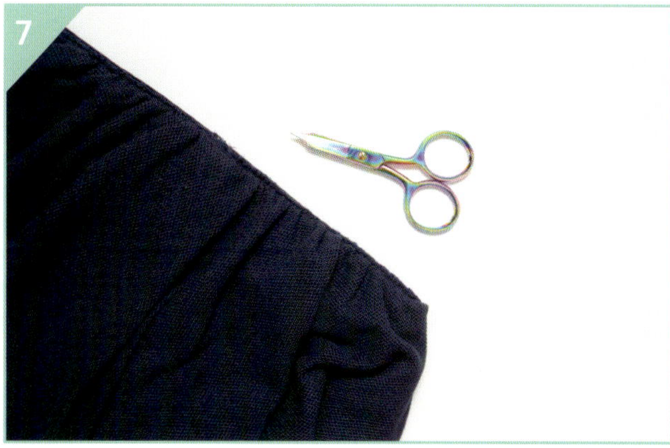

5. Verwende für das Gummiband die Länge deines Taillenumfangs (auf der gewünschten Höhe). Schließe das Gummiband mit einem Geradstich zum Ring und verriegele die Enden. Teste bei einer Anprobe, ob das Band leicht gedehnt sitzt. Klappe die Nahtzugaben auseinander und steppe sie mit einer passenden Garnfarbe fest. Markiere auch auf dem Gummiband die Viertel.

6. Stecke den Gummibandring gleichmäßig gedehnt links auf links in den Rock. Stecke ihn in Abständen von je 5 cm fest. Nähe den Bund rundherum in einem Abstand von 1 cm mit einem dehnbaren Stich fest. Das Gummiband muss beim Nähen gedehnt werden. Achte allerdings darauf, dass du nur das Gummiband und nicht den Rock dehnst. Wenn du Probleme dabei hast, halte dein Gummiband unter dem Nähfuß auf Spannung, indem du es vorsichtig auseinanderziehst.

7. Schneide die Nahtzugabe der Röcke (aber nicht das Gummiband!) knapp neben der Naht zurück, damit später nichts unter der Gummibandkante hervorschaut.

8. Klappe den Gummibund nach oben und steppe die Gummibandkante mit einem Zickzack- oder Dreifachgeradstich von außen ab. Die Nahtzugabe wird dabei fixiert. Auch hier wird das Gummiband wieder etwas gedehnt.

VARIANTE

Wenn du deinen gesäumten Futterrock (Schritt 2 und 3) direkt an dein Gummiband nähst (Schritt 5–8), hast du einen geraden Minirock. Leichter geht das übrigens, wenn dein Rock hüftig sitzen soll, da dann dein Gummiband weniger gedehnt werden muss.

GRÖSSE 34-44

LEGGINGS MIT GALONSTREIFEN

Eine Leggings ist schnell genäht und so bequem. Mit sportiven Galonstreifen bekommt die Hose aus Romanit-Jersey einen besonders coolen Look. Die Hose sitzt leicht unterhalb der natürlichen Taille, aber du kannst die Bundhöhe ganz leicht anpassen.

MATERIAL

- 120 cm Romanit-Jersey mit Elasthan
- 1,1 m elastisches Band, z. B. Stripe me, 35 mm breit
- 1,5 m Gummiband, 25 mm breit
- Jerseynadel
- Sicherheitsnadel

ZUSCHNITT

Alle Schnittteile mit 1 cm Nahtzugabe zuschneiden. Am unteren Saum stattdessen 3 cm hinzugeben. Am oberen Bund benötigst du folgende Saumzugabe: Gummibandbreite plus 0,5 cm.

- Leggings: 2x gegengleich aus Romanit-Jersey (SB 2, Papierschnittteile an Kleblinie zusammenfügen)

Achtung:
Bei diesem Schnitt musst du vorher die Naht- und Saumzugaben anzeichnen. So kannst du die Zugabe perfekt auf vorhandenes Gummiband abstimmen. Auch eine Seitennaht kannst du ganz einfach einfügen, wenn dein Stoff nicht reicht. Wie das mit den Zugaben funktioniert, findest du auf Seite 19.

DU LERNST

Band aufsteppen
Jersey säumen
Gummiband einziehen
mit Jersey nähen

VARIANTE

Wähle für eine Leggings immer Jerseystoffe mit Elasthananteil, damit sich an den Knien nichts ausbeult. Für den Sommer kannst du auch Single-Jersey verwenden.

TIPP

Beachte auch die Tipps zum Nähen von Jersey auf Seite 14.

SO GEHT'S

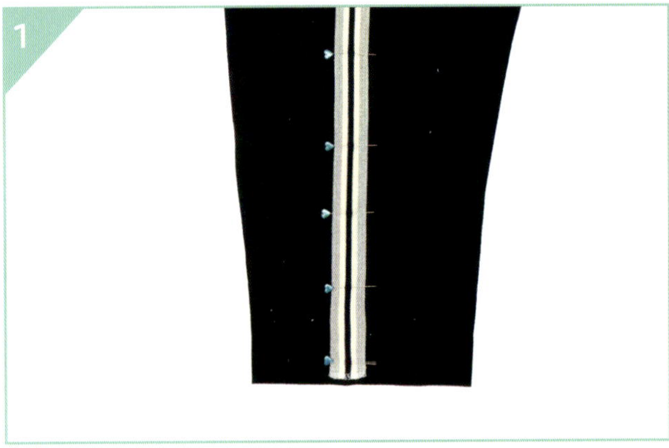

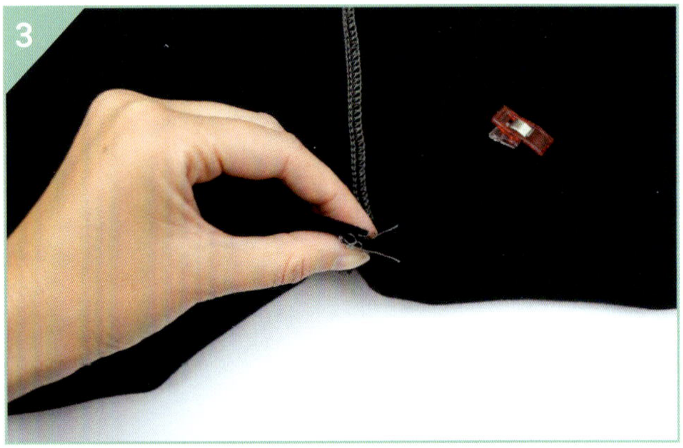

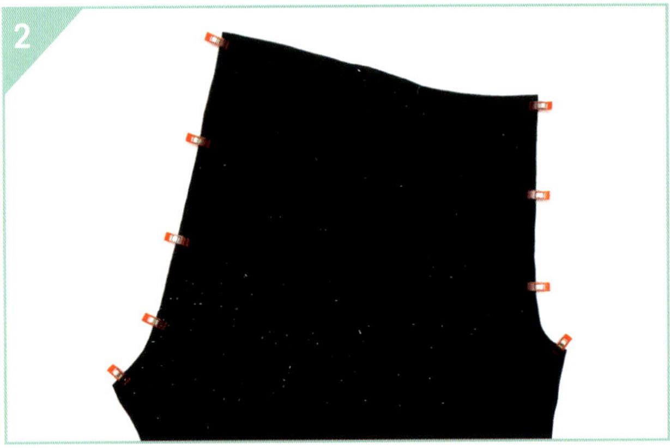

1. Stecke den elastischen Galonstreifen auf beiden Schnittteilen entlang der Markierung fest. Steppe ihn auf beiden Seiten mit einem elastischen Stich knappkantig fest. Schneide das Band am besten erst nach dem Aufsteppen ab, falls es sich noch verzieht.

2. Lege beide Schnittteile rechts auf rechts aufeinander und stecke jeweils die vordere Mitte sowie die hintere Mitte zusammen. Nähe beides mit einem elastischen, besonders stabilen Stretchstich zusammen. Verwende farblich zum Stoff passendes Garn, da die Naht später unter Spannung steht und man den Nahtfaden eventuell sieht.

3. Lege die vordere Schrittnaht rechts auf rechts auf die hintere Schrittnaht, klappe dabei die Nahtzugaben gegeneinander und stecke sie fest.

4. Stecke nun die beiden Innenbeinnähte bis zum Saum fest. Die Leggings liegt nun wie eine auf links gedrehte Hose vor dir. Nähe die Innenbeinnaht in einem Rutsch mit einem elastischen Stich zusammen. Mache eine erste Anprobe mit umgeklappten Saumzugaben, um die finale Beinlänge und Saumhöhe zu bestimmen.

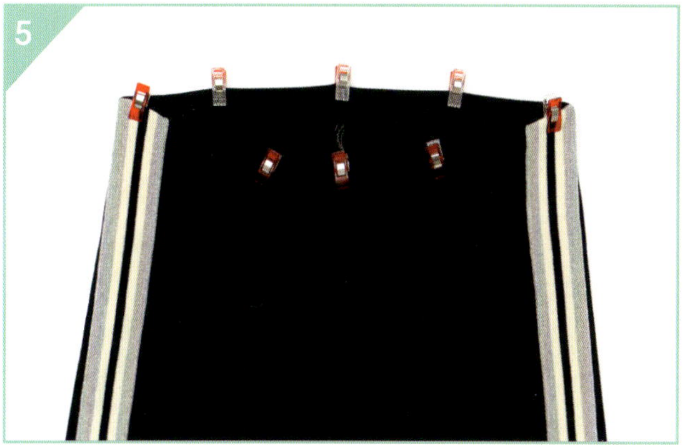

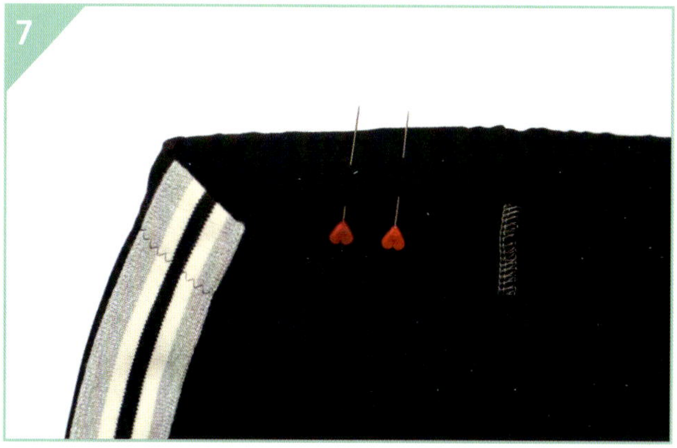

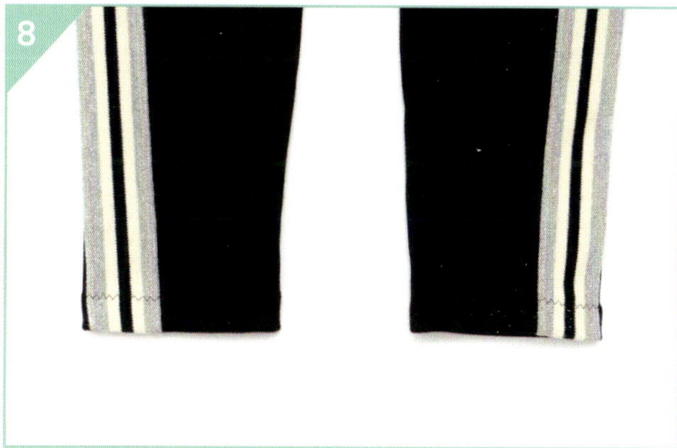

5. Arbeite am Bund einen Saum mit einer Einzugsöffnung: Schlage die von dir hinzugefügte Saumzugabe zur linken Seite hin um und bügle die Faltkante sorgfältig flach. Nähe den Saum mit einem elastischen Stich knappkantig fest und lasse eine Einzugsöffnung von ca. 4 cm. Achte darauf, dass der Saum breit genug für dein Gummiband ist.

6. Ziehe das Gummiband mithilfe einer Sicherheitsnadel durch den entstandenen Tunnel und markiere dir die richtige Weite. Nähe es anschließend überlappend mit einem Geradstich zum Ring zusammen und kürze die Enden, wenn die Leggings bequem sitzt.

7. Schließe die Einzugsöffnung mit einem elastischen Stich. Falls du das Gummiband erneuern musst oder eine andere Länge benötigst, musst du lediglich die Naht der Einzugsöffnung auftrennen und später wieder schließen.

8. Säume jetzt die Leggings: Schlage die Saumkante um deine Saumzugabe ein, bügle den Saum und steppe ihn mit einem Zickzackstich oder von rechts mit einer Zwillingsnadel ab. Nähe leicht innerhalb deiner Saumzugabe, damit du rundherum beide Schichten triffst.

GRÖSSE 34-44

FLIESSENDES KLEID

Dieses bequeme Kleid kommt ohne einen Verschluss aus und wird mit einem Gürtel in Form gebracht. Wenn du das Annähen der Ärmel und die Belegverarbeitung meisterst, hast du schon bald ein neues Lieblingskleid.

MATERIAL

- 210 cm gewebter Tencel
- 50 cm Gummiband, 20 mm breit
- Sicherheitsnadel

ZUSCHNITT

Alle Schnittteile mit 1 cm Nahtzugabe zuschneiden. Am unteren Saum und am Ärmelsaum stattdessen 4 cm hinzugeben.

- Kleid Vorderteil: 1x im Stoffbruch aus Tencel (SB 1, Papierschnittteile an Kleblinie zusammenfügen)
- Kleid Rückteil: 1x im Stoffbruch aus Tencel (SB 1, Papierschnittteile an Kleblinie zusammenfügen)
- Kleid Ärmel: 2x gegengleich aus Tencel (SB 1)
- Kleid vorderer Beleg: 1x im Stoffbruch aus Tencel (SB 1)
- Kleid hinterer Beleg: 1x im Stoffbruch aus Tencel (SB 1)

Achtung:
Bei diesem Schnitt musst du vorher die Naht- und Saumzugaben anzeichnen. Auf Seite 19 wird genau erklärt, wie das geht.

DU LERNST

Ärmel annähen
heften
Beleg arbeiten
doppelt säumen
Gummibandsaum arbeiten

TIPP

Nähe dir zuerst ein Probekleid aus günstigerem Stoff wie Viskose-Webware. Übung macht den Meister!

SO GEHT'S

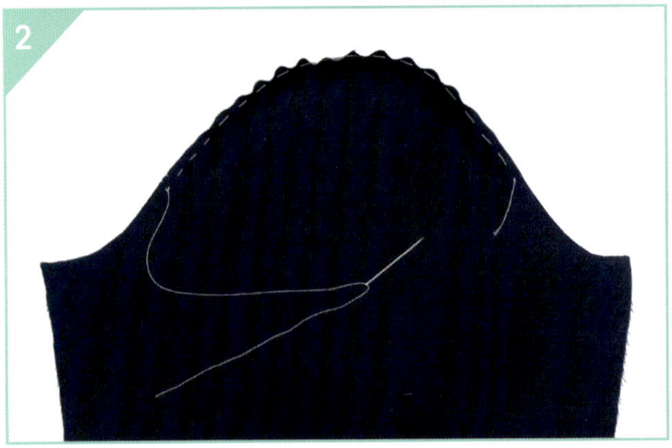

1. Lege das Vorderteil rechts auf rechts auf das Rückteil und stecke die beiden Schnittteile an den Schultern zusammen. Nähe beide Teile zusammen und versäubere die Nahtzugaben anschließend gemeinsam. Bügle die Nahtzugaben zum Rückteil hin.

2. Die Ärmelrundung ist für mehr Bequemlichkeit etwas länger als das Armloch und muss daher am oberen Teil leicht eingehalten werden. Arbeite dazu zwischen den beiden seitlichen Knipsen einen Heftstich, ziehe den Heftfaden ca. 1 cm heraus und verknote ihn. Die Mehrweite verteilt sich so gleichmäßig, ohne am Ende gekräuselt zu wirken.

3. Stecke – und hefte gegebenenfalls – den ersten Ärmel rechts auf rechts an das Kleid. Die Markierungen treffen dabei aufeinander. Schiebe den Ärmel beim Annähen leicht zusammen und lasse ihn dennoch glatt unter den Nähfuß laufen. Nahtzugaben versäubern und in den Ärmel bügeln. Den zweiten Ärmel genauso arbeiten. (Alternativ kannst du auch zuerst Seiten- und Ärmelnähte schließen und den Ärmel geschlossen nach Punkt 6 einsetzen.)

4. Falte das Kleid rechts auf rechts, um die Seiten- und Ärmelnähte zu schließen. Stecke die Kanten fest und nähe sie auf beiden Seiten jeweils in einem Rutsch zusammen. Versäubere die Nahtzugaben gemeinsam und bügle sie nach hinten.

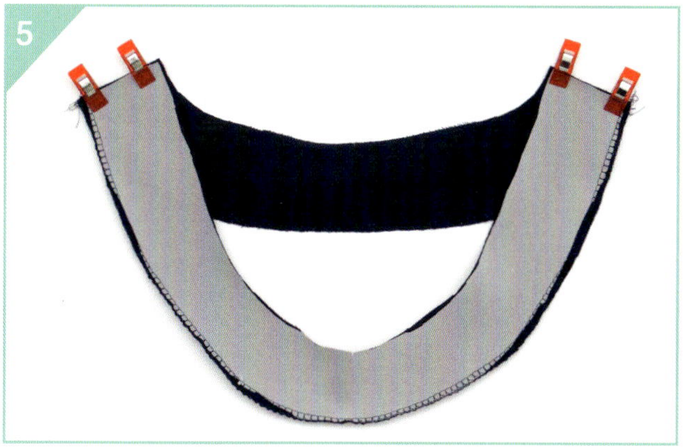

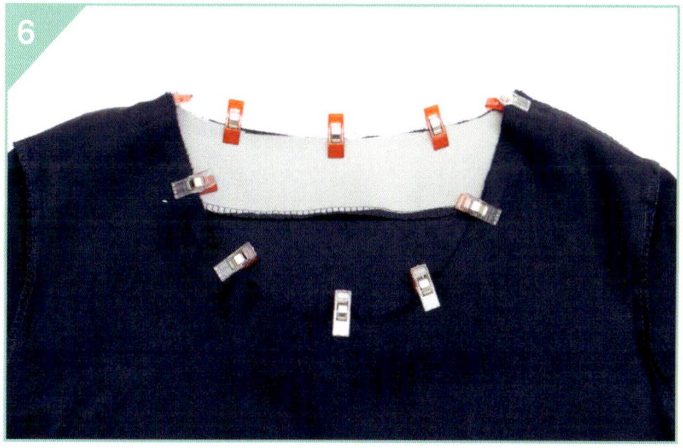

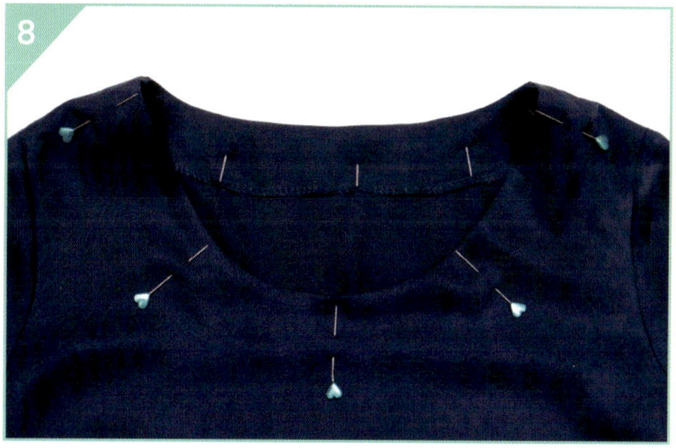

5. Versäubere zuerst die Unterkanten deiner Belegteile. Lege dann den vorderen Beleg rechts auf rechts auf den hinteren Beleg, nähe die beiden kurzen Seiten (Schulternähte) zusammen und versäubere die Nahtzugaben gemeinsam. Bügle die Nahtzugaben zum Vorderteil hin.

6. Stecke den Beleg rechts auf rechts an den Halsausschnitt. Achte darauf, dass die Schulternähte sowie vordere und hintere Mitte genau aufeinandertreffen. Nähe den Beleg an.

7. Bügle beide Nahtzugaben zum Beleg hin, damit er sich später sauberer umfalten lässt.

8. Falte den Beleg sorgfältig nach innen und bügle die Faltkante aus. Um den Beleg zu fixieren, damit er später nicht aus dem Kleid herausklappt, musst du die untere Belegkante rundherum von außen feststeppen. Am saubersten wird dein Ergebnis, wenn du die Stecknadeln auf Höhe der späteren Naht platzierst.

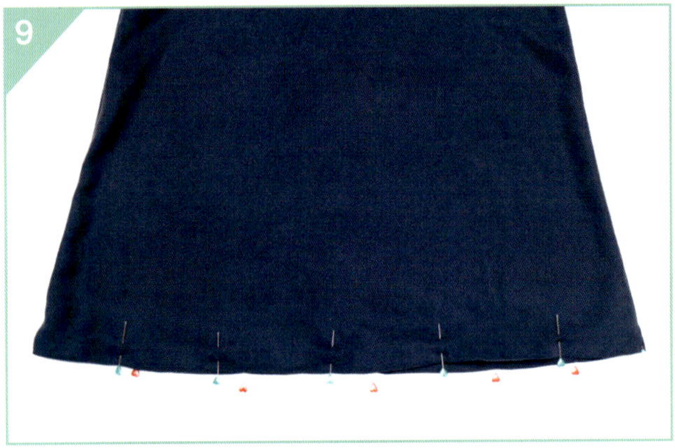

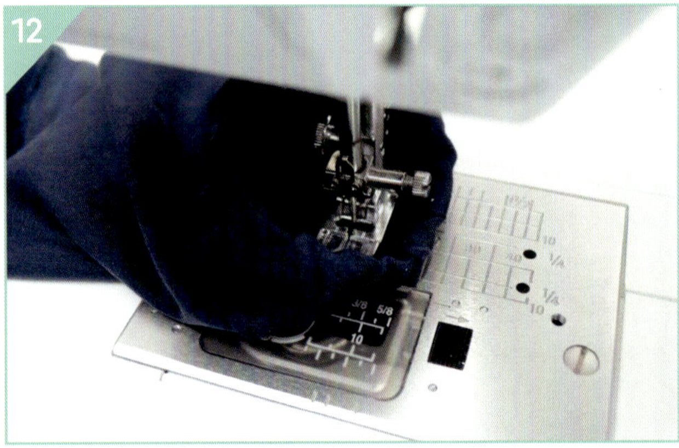

9. Versäubere die Unterkante deines Kleides bei stark ausfransenden Stoffen und säume das Kleid: Schlage die Saumkante doppelt ein, erst 1 cm, dann 3 cm. Bügle den Saum und steppe ihn von rechts mit einem Abstand von 2,5 cm ab. Am besten bügelst du am Ende erneut über den Saum.

10. Die Ärmelkante ebenfalls versäubern und genauso säumen, aber eine Einzugsöffnung für das Gummiband lassen. Die Öffnung sollte etwas länger als die Breite deines Gummibands sein. Falls dein Gummiband breiter als 20 mm ist, musst du eine größere Saumzugabe hinzugeben.

11. Ziehe mithilfe einer Sicherheitsnadel das Gummiband durch den Ärmelsaum und überprüfe die Länge deines Gummibands. Ein gutes Richtmaß für dessen Länge ist dein Handgelenkumfang plus 4 cm.

12. Achte darauf, dass sich das Gummiband nicht verdreht, und nähe es überlappend zum Ring zusammen. Das kannst du auch mit wenigen Handstichen machen. Jetzt musst du nur noch die Einzugsöffnung schließen.

WAS IST EIN BELEG?

Der Beleg eignet sich zum Versäubern von gebogenen Kanten. Er hat an der Kante eine identische Form und wird z. B. an Halsausschnitten gearbeitet. Ein Beleg wird rechts auf rechts angenäht, anschließend nach innen geklappt und zum Fixieren meist abgesteppt.

Materiallexikon

Die Stoffbezeichnung gibt oft sowohl seine Herstellungsart als auch seine enthaltenen Fasern an. Achte beim Kauf auf die Angaben auf dem Ballen oder in der Produktbeschreibung. Dort findest du auch die Wasch- und Pflegeanleitung für deinen Stoff.

Batist/Voile

Batist und Voile sind weich fallende, feinfädige Stoffe mit einem angenehmen Tragegefühl. Voile ist dabei meist leicht transparent. Es gibt Batist und Voile aus verschiedenen Materialien. Für Kleidung empfiehlt sich Baumwolle oder Viskose.

Für feine Stoffe verwendet man Universalnadeln in einer dünneren Stärke.

Geeignete Projekte: Deko, Accessoires, Tücher, Blusen, Kleider

Tipp

Ziehe bei feinen Stoffen und Jersey die beiden Nähfäden am Nahtanfang nach hinten und halte sie fest, damit dein Stoff nicht in die Stichplatte gezogen wird.

Cord/Cordsamt

Cord ist meistens aus reiner Baumwolle und enthält seine Streifenwirkung durch einen speziellen Webprozess. Je nach Streifenbreite wird Cord unterschiedlich benannt: Babycord, Feincord oder Breitcord.

Am besten wäscht und bügelt man Cordstoff von links und vermeidet den Trockner. Cord wird bei Kleidungsstücken gegen den Strich zugeschnitten. Das heißt, er lässt sich von unten nach oben glatt streichen. Das ist beim Stoffbedarf unbedingt zu beachten.

Geeignete Projekte: Deko, Kissen, Taschen, Röcke, Hosen, Jacken

Fellimitat/Kunstpelz

Fellimitat ist ein vegane Alternative zu echtem Tierfell. Wenn du Kunstfell als Meterware kaufst, kannst du dir sicher sein, dass es garantiert kein Echtpelz ist. Qualitativ hochwertiges Fellimitat ist von außen optisch kaum von echtem Pelz zu unterscheiden.

Der auf die Geweberückseite angebrachte Flor hat eine Strichrichtung. Beim Zuschnitt wird mit einem Cuttermesser oder einer spitzen Schere nur das Gewebe durchgeschnitten. Werden Schnittteile aus Fell aneinander genäht, wird der Flor zuvor von der Schnittkante weggestrichen.

Geeignete Projekte: Deko, Accessoires, Westen, Krägen

Flanell

Flanell ist leicht zu verarbeitende Webware, die klassischerweise aus Baumwolle oder Wolle besteht. Es gibt Flanell auch als günstigeres Polyester-Mischgewebe. Der Stoff wird bei der Herstellung aufgeraut und so zu einem flauschigen Stoff mit sehr guten Wärmeeigenschaften.

Karierte Flanellstoffe haben das gewisse Etwas. Durch eingewebte – und nicht aufgedruckte – Muster erhält auch die Rückseite ein identisches Muster. Webkaros eignen sich deshalb besonders gut für Tücher und Kuscheldecken.

Geeignete Projekte: Deko, Kissen, Hemden, Blusen, Kleider, Röcke, Hosen

Gewebte Baumwolle/Popeline/Patchworkstoff/ Canvas

Webware bezeichnet die Herstellungsart eines Stoffs. Gewebte Baumwollstoffe wie Popeline und Canvas sind strapazierfähig und langlebig. Im Gegensatz zu Patchworkstoffen gibt es sie auch aus anderen Fasern als reine Baumwolle.

Popeline ist ein leichter, feiner Stoff, der sich auch für Bekleidung eignet, die keinen besonders fließenden Fall benötigt. Robuster Canvas hingegen findet meist bei Taschen seinen Einsatz.

Im Allgemeinen wird Baumwolle als Synonym für gewebte Baumwolle verwendet. Es gibt natürlich auch Baumwolljersey mit gänzlich anderen Eigenschaften.

Geeignete Projekte: Deko, Kissen, Accessoires, Blusen, Röcke, Hosen, Taschen

Jacquardjersey

Jacquardjersey oder Strickjacquard ist aus farbigen Garnen gestrickter Stoff. Dadurch sind diese Stoffe oft besonders farbecht. Jacquardjersey ist etwas dicker und weniger dehnbar als Single-Jersey. Jacquardwebware ist mit Jacquardjersey nicht vergleichbar.

Jacquardjersey rollt sich an den Kanten nur wenig ein. Dadurch ist er auch für Nähanfänger gut geeignet. Verwende beim Nähen eine Jerseynadel.

Geeignete Projekte: Mützen, Schals, Kleider, Röcke, Pullover

Jersey/Jerseystoffe/Bündchenware

Jersey bezeichnet die Herstellungsart eines Stoffes. Jerseystoffe werden nicht gewebt, sondern gestrickt oder gewirkt. Es gibt Jersey aus unterschiedlichen Materialien wie Baumwolle oder Viskose. Bei Stretchjersey ist ein Elasthananteil für mehr Elastizität enthalten.

Herkömmlichen Jersey bezeichnet man als Single-Jersey. Auch Stoffe wie Jacquardjersey, Nicki, Sweat, Romanit oder Bündchenware sind Jerseystoffe. Bündchenware wird meist nur für Bündchen verwendet, da ihre Rippenstruktur besonders dehnbar ist.

Nähe Jerseystoffe mit einer Jerseynadel in passender Stärke und verwende gegebenenfalls einen Obertransportfuß für ein besseres Stichbild.

Geeignete Projekte: Accessoires, Shirts, Pullover, Röcke, Leggings

Korkstoff/Korkleder

Kork ist ein nachwachsendes, nachhaltiges Naturprodukt. Die auf das Trägermaterial aufgebrachte Korkschicht ist meist 1 mm dick und strapazierfähig. Durch seine weiche und wärmende Haptik verdient Korkstoff am ehesten die Bezeichnung als veganes Leder.

Übrigens: Korkstoff wird als Meterware und als fertiger Zuschnitt angeboten. Überlege dir immer genau, wie du deine Schnittteile platzsparend arrangieren kannst.

Das wasser- und schmutzabweisende Material sollte nicht gewaschen werden, lässt sich aber unter Umständen bügeln. Korkstoff wird wie Kunstleder verarbeitet. Das Material verzeiht allerdings eher mal einen Stecknadelpieks und benötigt meist auch keinen Teflonfuß.

Geeignete Projekte: Deko, Kissen, Taschen, Accessoires, Labels

Kunstleder/Leder

Kunstleder besteht aus Polyurethan und/oder Polyester, das auf einem Trägerstoff aufgebracht und lederähnlich geprägt wird. Lederimitat ist meist preiswert und franst an den Kanten nicht aus. Nur gewirktes oder mikroperforiertes Kunstleder ist eventuell atmungssaktiv.

Echtes Leder ist oft dicker als Kunstleder und sieht auch offenkantig verarbeitet gut aus. Das Naturprodukt ist atmungsaktiv. Nutze als Tierfreund ausgemusterte Kleidungsstücke aus Echtleder.

Vermeide unnötige Einstiche, da sie im fertigen Projekt zu sehen sind. Verwende Wonder Clips und nähe besonders sorgfältig, damit du nicht auftrennen musst. Nutze gegebenenfalls Microtex-Nadeln für dünnes, Ledernadeln für dickes Material. Ein Teflonfuß hilft beim Strofftransport.

Geeignete Projekte: Deko, Taschen, Accessoires

Tipp

Generell gilt, dass dicke Stoffe eher mit längeren Stichen und feine Stoffe mit kürzeren Stichen genäht werden sollten.

Musselin/Double Gauze

Locker gewebten Musselin kennt man ursprünglich von Mullwindeln; mittlerweile wird er gern als Bekleidung vernäht. Genauso weich, nur doppellagig und punktuell miteinander verbunden ist Double Gauze. Diese stark ausfransenden Stoffe müssen besonders sorgfältig versäubert werden.

Gröbere Stoffe wie Musselin und Double Gauze näht man am besten mit längeren Stichen und geringerem Nähfußdruck.

Geeignete Projekte: Deko, Accessoires, Tücher, Blusen, Kleider

Romanit/Punto di Roma/Interlock

Doppelt gestrickter Romanit (auch Punto di Roma) und auch Interlock ist etwas fester als Single-Jersey und rollt sich an den Kanten nicht ein. Dadurch ist er leicht zu verarbeiten. Diese Stoffe können beidseitig verwendet werden.

Romanit ist meist ein Mischgewebe mit Viskoseanteil. Je höher der Polyesteranteil ist, desto mehr neigt das spätere Kleidungsstück zum Pilling. Unter Romanit zeichnet sich wenig ab, wodurch er auch für engere Kleidungsstücke sehr gut geeignet ist.

Geeignete Projekte: Mützen, Sweatshirts, Cardigans, Leggings

Paillettenstoff/Wendepaillettenstoff

Paillettenstoffe bestehen aus einem Trägerstoff wie Tüll, der mit einzelnen Pailletten versehen wurde. Wendepailletten sind so angebracht, dass sie sich in unterschiedliche Richtungen streichen lassen und immer wieder anders aussehen.

Trenne im Bereich der Naht je nach Projekt die Pailletten ab oder nutze eine alte Nadel. Applikationen aus Wendepaillettenstoff solltest du so aufnähen, dass sich die Pailletten anschließend noch wenden lassen.

Geeignete Projekte: Deko, Accessoires, Abendgarderobe, Applikationen

SnapPap/waschbares Papier

SnapPap ist eine waschbare Papier-Kunststoff-Mischung in Lederoptik. Es ist wesentlich steifer als Kunstleder und eignet sich weniger für verstürzte Projekte. Es lässt sich aber vielfältig weiterverarbeiten (bemalen, beplotten, prägen).

Geeignete Projekte: Taschen, Ösenverstärkungen, Labels, Applikationen

Spitze

Spitzenstoffe mit durchbrochenen Mustern gibt es in verschiedenen Varianten. Neben hochwertiger Stickereispitze findet man auch elastische Wirkspitze. Auch Tüll ist ein Spitzenstoff. Spitzenstoffe und Spitzenbänder wirken oft als Detail besonders gut.

Du solltest Spitzenstoffe mit einem schmalen Zickzackstich nähen und wegen der Transparenz eine französische Naht arbeiten. Aufgestickte Zierelemente solltest du im Bereich der Naht zuvor abtrennen und anschließend von Hand wieder annähen. Dekorative Bogenkanten kann man gut als Abschluss nutzen.

Geeignete Projekte: Oberteile, Röcke, Abendgarderobe, Brautmode

Tüll

Tüll ist ein netzartiges Gewebe, das als steifer Bastel- oder Petticoattüll meistens aus synthetischen Stoffen besteht. Weicher Brauttüll kann auch aus Bio-Baumwolle hergestellt sein. Manche Tüllstoffe sind leicht dehnbar.

Beim Zuschnitt steckt man das Schnittteil direkt auf den Tüll und schneidet ohne angezeichnete Linien mit einer Bastelschere zu. Damit nichts verrutscht, sollte man alles mit Nähgewichten beschweren. Da Tüll nicht ausfranst, muss er nicht versäubert werden.

Geeignete Projekte: Deko, Accessoires, Röcke, Kostüme, Abendgarderobe, Brautmode

TIPP

Wähle bei lockeren Geweben wie Tüll und Musselin eine Stichlänge, die lang genug ist, um mehrere Fäden zu erfassen.

Velours/Samt

Der Begriff Samt bezeichnet eine spezielle Webart, bei der die entstehenden Schlingen zerschnitten werden. Je nach Höhe des Flors handelt es sich um Samtstoff oder Velours. Neben Baumwollsamt gibt es auch Dekosamt aus Polyester. Gerippter Cordsamt ist eine besondere Form des Samtstoffs.

Baumwollsamt wäscht man am besten mit der Hand. Dekosamt und Möbelvelours sind pflegeleichter, sollten aber wie alle hochflorigen Stoffe nur auf links gewaschen und gebügelt und nicht in den Trockner gegeben werden. Beachte beim Zuschnitt die Strichrichtung des Stoffs.

Geeignete Projekte: Deko, Kissen, Taschen, Kleider, Abendgarderobe

Vinyl/Wachstuch/Oilskin/beschichtete Stoffe

Vinyl und Wachstuch sind wasserdichte Materialien, die zumeist aus Polyvinchlorid (PVC) bestehen. Es gibt auch beschichtete Stoffe aus Baumwolle (z. B. Oilskin), die zwar nicht wasserdicht, aber dennoch wasser- und schmutzabweisend sind.

Ob und wie dein Stoff waschbar ist, findest du beim Kauf auf den Pflegesymbolen. Diese Stoffe fransen nicht aus und müssen daher nicht versäubert werden. Allerdings hinterlassen Stecknadeln unschöne Löcher im Material. Verwende Wonder Clips zum Fixieren.

Nutze für schlecht gleitende Stoffe einen Teflonfuß mit Antihaftbeschichtung. Wenn du kein passendes Füßchen hast, klebe ein Stück Masking Tape auf die Sohle deines Standard-Nähfußes. Zusätzlich kannst du Backpapier auf die Transportplatte legen. Das mitgenähte Papier wird anschließend einfach abgerissen.

Geeignete Projekte: Deko, Taschen, Accessoires, Outdoorprojekte

Viskose/Modal/Lyocell (Tencel)

Diese Kunstfasern sind aus pflanzlicher Zellulose hergestellt und werden auch Kunstseide genannt. Das Material ist hautfreundlich und saugfähig. Modal und Lyocell (auch: Tencel) ist eine Weiterentwicklung der Viskosefaser.

Im Allgemeinen wird Viskose als Synonym für gewebte Viskose verwendet. Es gibt allerdings auch Viskosejersey, der ebenfalls einen fließenden Fall hat. Für Viskosejersey sollte man nicht zu enge Schnitte wählen, da sich hier jedes Detail unter dem Stoff abzeichnet.

Schneide rutschige Kunstseiden mit kleinen Schnittbewegungen oder mit dem Rollschneider zu und bügle Bügeleinlage schon vor dem Zuschnitt auf. Microtex-Nadeln in einer passenden Stärke eignen sich sehr gut für Viskose und Co. Beginne deine Naht nicht am Stoffrand und ziehe die Anfangsfäden nach hinten, damit dein Stoff nicht in die Stichplatte gezogen wird.

Geeignete Projekte: Taschenfutter, Blusen, Kleider, Röcke, Hosen, Abendgarderobe

Tipp

Wenn sich die Nahtzugabe beim Versäubern von feinen Stoffen zusammenzieht, kannst du die Zugabe auch etwas einschlagen und mit einem Geradstich versäubern.

Einlagen und Vliese

Kleinteile wie Belege oder Taschenteile sollten auf der Rückseite mit Einlage verstärkt werden, um ein sauberes Ergebnis oder den benötigten Stand zu erhalten. Dafür gibt es verschiedene Produkte mit unterschiedlichen Eigenschaften.

Einlagen für Kleidung

H 180 und H 200

Leichte bzw. mittlere Bügeleinlage für leichte Stoffe

Verwendung: Kleinteile an Kleidungsstücken aus Webware

Tipp

Wähle vor allem bei Kleidungsstücken im Zweifel eine Einlage mit zu wenig Stand! Mit der Bügeleinlage H 180 von Vlieseline machst du meistens nichts falsch.

G 785

Leichte, bi-elastische Bügeleinlage für dehnbare Stoffe

Verwendung: Belege an Kleidungsstücken aus Jersey

Einlagen für Taschen/Deko

H 630 und H 640

Volumenvlies zum Aufbügeln für mehr Volumen

Verwendung: Taschen, Patchwork- und Quiltarbeiten

S 320

Leichte Schabrackeneinlage zum Aufbügeln für mehr Festigkeit

Verwendung: Taschen, Gürtel, Utensilos

Tipp

Schneide bei voluminösen Einlagen die Nahtzugaben nach dem Nähen etwas zurück!

Style-Vil

Nicht aufbügelbare Polstereinlage für mehr Volumen und Stand

Verwendung: Laptoptaschen, voluminöse Taschen, Utensilos

Decovil I

Schwere, reißfeste Einlage zum Aufbügeln

Verwendung: Ösenverstärkung, Taschenboden, Gürtel

Decovil I Light

Leichtere Decovil-Variante, die sich auch verstürzen lässt

Verwendung: Taschenboden, Gürtel

Wonder Dots

Kreisförmige Zuschnitte aus Decovil

Verwendung: Ösenverstärkung

Vliesofix

Haftvlies auf Trägerpapier zum Aufbügeln

Verwendung: Applikationen

BÄNDER

Formband

Formband ist ein diagonal zugeschnittenes Band aus Bügeleinlage, das schräge oder runde Kanten vor unerwünschtem Ausdehnen bewahren soll.

Gummiband

Gummibänder zum Einziehen gibt es in unterschiedlichen Breiten. Dekorative Bundgummis können sichtbar als Rock- oder Hosenbund angenäht werden.

Schrägband

Schrägbänder sind diagonal aus Webware geschnitten und dadurch leicht elastisch. Sie passen sich gut Rundungen an und können zum Einfassen verwendet werden.

Paspelband

Paspelbänder sind Schrägbänder, in die eine Kordel eingenäht ist. Sie ergeben einen schönen Kantenabschluss oder können in einer Naht eingefasst werden.

Fransenband, Pomponborte und Klöppelspitze

Diese Bänder eignen sich als Besatz an Kleidung, Accessoires und Deko.

Gurtband

Einfarbiges oder dekoratives Gurtband für Trageriemen bestehen aus Kunstfaser oder Baumwolle. Es gibt sie in unterschiedlichen Breiten.

DANKE

In dieses Buch habe ich jede Menge Zeit investiert, die an anderer Stelle gefehlt hat. Mein größter Dank gilt daher vor allem meiner **Familie**. Ich danke meinem **Mann** für sein konstruktives Feedback und die großartigen Aufmacherfotos. Das hast du wie immer super hinbekommen! Ein liebevolles Danke an meine **Tochter**, die auch bei diesem dritten Buch viel Verständnis aufbringen musste. Ihr seid wirklich die Besten!

Auch bei allen meinen **Nähfreundinnen**, die direkt oder indirekt bei diesem Buch geholfen haben, möchte ich mich ganz herzlich bedanken. Ohne euch wäre das alles nicht möglich gewesen!

Ein großer Dank geht an meine Lektorin Judith Wiedemann von der Edition Michael Fischer für die harmonische Zusammenarbeit. Vielen Dank für dein Vertrauen!

Vielen Dank an meinen Sponsor **Hello Heidi Fabrics** für den großartigen Tencel und dass es euch gibt!

Bei **Siebenblau** möchte ich mich für den feinen Bio-Tüll und den zarten Bio-Batist bedanken. Es ist schön, euch und euren Shop kennengelernt zu haben.

Ein besonderer Dank geht an meinen langjährigen Sponsor **Snaply** für den Korkstoff und das ganze Taschenzubehör. Schön, dass ihr immer ein bisschen Gold für mich habt.

Auch in diesem Buch möchte ich mich bei **buttinette** für jede Menge Basics, Einlagen, Kurzwaren und Zubehör bedanken. Euer Shop ist immer prall gefüllt.

Danke auch an **stoffe.de** für die schönen Stoffe, Kurzwaren und für die Applikation: Chic!

Danke, liebe Leserin/lieber Leser, dass du dieses Buch gekauft hast!

ÜBER DIE AUTORIN

Die Grafik-Designerin Petra Wünsche gestaltet unter anderem Stoffdesigns und bietet unter ihrem Label „pedilu“ Schnittmuster und Plottervorlagen an. Ihre größte Leidenschaft ist das Nähen geworden: Nähen macht süchtig!

Bei EMF sind bereits ihre beiden Nähbücher
„Alles Jersey – Hoodies for Kids“ und „Easy Jersey – Mitwachshosen“ erschienen.

Ihre DIY-Projekte zeigt sie auf ihrem Nähblog: pedilu.com

Alles Jersey – Hoodies for Kids
978-3-96093-036-5
17.99 € (DE) / 18.50 € (AT)

Easy Jersey – Mitwachshosen
978-3-86355-852-9
12.99 € (DE) / 13.40 € (AT)

Impressum

Bibliografische Information der Deutschen Bibliothek.

Die Deutsche Bibliothek verzeichnet diese Publikation in der Deutschen Nationalbibliografie.

Detaillierte bibliografische Daten sind im Internet über http://www.dnb.de/ abrufbar.

EIN BUCH DER EDITION MICHAEL FISCHER

1. Auflage 2019

Covergestaltung: Bernadett Linseisen

Layout und Satz: Lara Nelles

Projektmanagement: Judith Wiedemann

Lektorat: Judith Wiedemann, Ute Wielandt

Bilder: © Hendrik Wünsche (www.photowuensche.com); © Petra Wünsche (www.pedilu.com): alle Stills, Schrittfotos und Illustrationen

Coverbild: 123object/Shutterstock.com

Schnittkonstruktion: Petra Wünsche

ISBN 978-3-96093-514-8

Gedruckt bei Polygraf Print, Čapajevova 44, 08001 Prešov, Slowakei

www.emf-verlag.de